C.H.BECK WISSEN

in der Beck'schen Reihe

akg-images

Berlin London Paris

Dixit et ignotas animum
dimittit in artes
naturamque novat

So sprach er und richtete seinen Sinn
auf unbekannte Künste
und ersann neu die Natur.

Ovid, Metamorphosen, VIII, 188–189
Dädalus und Ikarus

Dädalus, der geniale Erfinder, so heißt es im antiken Mythos, lebte als Gefangener des Königs Minos auf Kreta. Er war seiner Knechtschaft müde und trachtete zu entkommen, indem er für sich und seinen Sohn Ikarus Flügel konstruierte, mit deren Hilfe sie von der Insel fliehen konnten, ohne von den Wachen des Herrschers zurückgehalten zu werden. Der Plan funktionierte, doch der Sohn des Dädalus wurde übermütig und kam mit seinen Schwingen der Sonne zu nahe, so daß sich die Konstruktion auflöste und der Knabe ins Meer stürzte und ertrank.

Diese Sage, die Bestandteil unseres kulturellen Gedächtnisses geworden ist, zeigt in der Art eines Urbildes das Spannungsfeld, in dem stets Erfinder und Erfindung stehen: Ein Mensch, dessen Geist neue Wege zu beschreiten und technische Wunderdinge zu schaffen vermag, wird leicht zum Spielball fremder Mächte und Interessen. So kann sich sein schöpferisches Potential, das der Menschheit zum Heil werden soll, auch ebenso gut gegen ihn selbst und seine Zeitgenossen wenden.

Doch kann dieser Konflikt – heute weniger denn je – durch Technikfeindlichkeit gelöst werden, sondern nur durch gesteigertes Problembewußtsein von Wissenschaftlern und politisch Verantwortlichen. Erfindungen sind und bleiben wichtige Weg- und Wendemarken der Menschheitsentwicklung. Welche Erfindungen zu den bedeutendsten der Weltgeschichte gezählt werden dürfen, wie sie entstanden, welcher Nutzen und welche Risiken mit ihnen verbunden sind, hat Hans-Joachim Braun in diesem kleinen, kompakten, faktengesättigten Buch zusammengestellt und anschaulich beschrieben – eine Einladung zum Schmökern, Staunen und Erinnern an alle, die sich für Technik, Geschichte und Gegenwart interessieren.

Hans-Joachim Braun lehrt als Professor für Neuere Sozial-, Wirtschafts- und Technikgeschichte an der Helmut-Schmidt-Universität Hamburg. Er ist Generalsekretär des «International Committee for the History of Technology» und Vorsitzender des Wissenschaftlichen Beirats der «Georg-Agricola-Gesellschaft».

Hans-Joachim Braun

DIE 101 WICHTIGSTEN ERFINDUNGEN DER WELTGESCHICHTE

Verlag C. H. Beck

Der Verlag dankt dem Archiv für Kunst und Geschichte, Berlin, für die freundliche und kompetente Unterstützung bei der Suche nach geeignetem Bildmaterial und für die Ausstattung dieses Bandes mit 58 Abbildungen
(Abb. S. 25, 90, 106, 111 © akg-images/picture-alliance/dpa;
Abb. S. 83, 112 © akg-images/picture-alliance/ZB)

Originalausgabe

Gesamtherstellung: Druckerei C. H. Beck, Nördlingen
Umschlagmotive und -entwurf: Uwe Göbel, München
Printed in Germany
ISBN 3 406 50859 6

www.beck.de

Vorwort

Kann man ein Büchlein schreiben, das den Titel trägt: «Die 101 wichtigsten Erfindungen der Weltgeschichte»? Man kann natürlich, sonst hätte ich es nicht getan, aber man sollte es nicht unkommentiert tun. In diesem Titel finden sich gleich zwei Bestandteile, die ein wenig «anstößig» erscheinen – zum einen, wenn man von den «wichtigsten» Erfindungen spricht, und zum andern, wenn man deren Zahl auch noch auf «101» zu begrenzen wagt. Es versteht sich von selbst, daß beide Titelbestandteile auf eine notwendigerweise subjektive Zusammenstellung deuten. Zwar habe ich meine Auswahl mit der gebotenen Sorgfalt getroffen, doch zweifellos hätten andere, nicht weniger um Seriosität bemühte Autorinnen oder Autoren, einige «meiner Erfindungen» weggelassen und dafür andere ausgewählt. Vielleicht hätten sie *Motorrad* statt *Zahnrad* oder *Viagra* statt *Antibabypille* aufgenommen? Und wo bleibt in meiner Liste überhaupt das Penicillin? Nun, zumindest letzteres kann ich zwanglos begründen, denn bei diesem wichtigen Heilmittel handelt es sich um eine «Entdeckung», nicht aber um eine «Erfindung» – obwohl die Grenzen manchmal unscharf sind. So sei die Zahl «101» als eine Art verbalisiertes Augenzwinkern zu verstehen, mit dem ich die Subjektivität meiner Auswahl kenntlich machen und besonders hervorheben will. Um es ganz deutlich zu sagen: Meine Liste der Erfindungen kann und will natürlich nicht als kanonisch gelten, auch wenn ich, wie ich hoffe, keine der wirklich bedeutsamen Erfindungen vergessen habe.

Die Anordnung der Artikel erfolgt chronologisch. Dies bedeutet nicht, daß für die chronologische Plazierung unbedingt das Datum der Ersterfindung maßgebend ist. Ist es oft schon schwierig genug, das Datum solcher «Ersterfindungen» festzustellen – bisweilen ist der Ersterfinder gänzlich unbekannt –, so sind Erfindungen doch zumeist *prozeßhafte Geschehen*, an denen verschiedene Erfinder beteiligt sind. Von größerer wirtschaftlicher, gesellschaftlicher und kultureller Bedeutung als die Erfindung (*Invention*) ist die Innovation, die – erfolgreiche – Verwendung. Dabei ist der Zeitraum von der Entwicklung, deren Ausgang oft die Patenterteilung war, bis zur marktreifen technischen Neuerung wesentlich. Hier sei daran erinnert, daß die meisten technischen Innovationsversuche fehlschlagen. Auch sollte man, bei allem gebührenden Respekt für «große Erfinder», niemals deren Mitarbeiter vergessen. Schon im 19. Jahrhundert waren viele Erfindungsprozesse

– und dies gilt um so mehr für das 20. Jahrhundert – Ergebnisse von «Teamwork».

Inwiefern haben Erfindungen kulturelle Bedeutung? Auch dies mag «anstößig» klingen. Was hat Technik mit Kultur zu tun? Doch viele Ingenieure der Vergangenheit waren sich durchaus bewußt, daß Technik ein integraler Bestandteil der sie umgebenden Kultur war; und es bleibt zu hoffen, daß gerade nach den Diskussionen der jüngeren Zeit einem jeden klargeworden ist, daß Naturwissenschaft und Technik unverzichtbare Bestandteile unserer Gesellschaft und insbesondere dessen sind, was wir unter «Bildung» verstehen.

Angesichts dieser verschiedenartigen Aspekte, die untrennbar mit dem Phänomen «Erfindungen» verbunden sind, war es eine besondere Herausforderung, sich 101 einzelner Erfindungen auf jenem engen Raum anzunehmen, welcher nun einmal konzeptioneller Bestandteil der Reihe *C. H. Beck Wissen* ist. Sicherlich war es manchmal schwierig, technische Prinzipien sowie Ursprünge und Wirkungen von Erfindungen auf knappem Raum allgemeinverständlich zu skizzieren und zugleich die wichtigsten damit verbundenen Daten zu nennen und zu erläutern. Mir bleibt nur zu hoffen, daß dies einigermaßen gut gelungen ist, so daß dieses Büchlein über die Vermittlung oder Auffrischung von Basiswissen hinaus auch als Anregung für die weitere Beschäftigung mit einem – wie ich meine – faszinierenden Thema dienen mag.

Um die Gegenwart zu verstehen, ist das Wissen darum, wie sie sich entwickelt hat, unverzichtbar. Dies ist zwar eine Binsenweisheit, doch kann gerade heute, da die Beschäftigung mit der Geschichte der Naturwissenschaften und der Technik häufig genug als müßig angesehen wird, die Erinnerung daran nicht schaden. Dies gilt um so mehr, wenn man die Verantwortung des Wissenschaftlers für seine Forschung und ihre bisweilen weitreichenden, heutzutage auch nicht selten globalen Konsequenzen nicht aus den Augen verlieren will.

Für die äußerst angenehme Zusammenarbeit während der Entstehung dieses Büchleins danke ich Herrn Dr. Stefan von der Lahr und seinem Team vom Verlag C. H. Beck sowie Herrn Kai Holland vom Archiv für Kunst und Geschichte, Berlin, für die rasche Bereitstellung von Bildmaterial. Dank gilt auch den Mitarbeiterinnen und Mitarbeitern meines Lehrstuhls: Priv.-Doz. Dr. Reinhold Bauer, Irina Bitter, Tapio Borosch, Anne Paul und besonders Priv.-Doz. Dr. Felix Lühning – und nicht vergessen sei an dieser Stelle mein Sohn Christian.

Hamburg, im Februar 2005 *Hans-Joachim Braun*

Die 101 wichtigsten Erfindungen der Weltgeschichte

Faustkeil

Faustkeil aus gebändertem Eisenstein, Südafrika, Alter ca. 600 000 Jahre

Wahrscheinlich ist der Faustkeil das erste Werkzeug des Menschen. Schon vor etwa 2,5 Millionen Jahren nutzte der Urmensch einen in die Faust genommenen Stein zur Vergrößerung seiner eigenen Körperkraft. Vor etwa 1,5 Millionen Jahren stellte unser Urahn, der Homo erectus, roh geformte Keile aus Flintstein zum Schlagen, Schneiden, Schaben, Häuten, Kratzen oder Graben her. Regelmäßig geformte Faustkeile sind auf etwa 600 000 v. Chr. datiert. Eine Wirkungsverbesserung des Faustkeils erfolgte im Zeitraum zwischen 50 000 und 30 000 v. Chr., als der Homo sapiens den steinernen Faustkeil durchbohrte und auf einen Stil steckte. Dies vergrößerte die Schwungmasse und schützte den Benutzer bei Fehlhieben vor Verletzungen. In dieser Zeit trennte sich die Entwicklungslinie des Faustkeils in Axt (Spaltwerkzeug) und Hammer (Treibwerkzeug) auf.

Literatur: Geoffrey Bibby, *Faustkeil und Bronzeschwert* (1975). – Stefan Unser, *Die Feuerstein-Technologie der Steinzeit* (1983). – Friedemann Schrenk, *Die Frühzeit des Menschen* (4. Aufl. 2003). – Hansjürgen Müller-Beck, *Die Steinzeit* (3. Aufl. 2004).

Hammer

Römische Münze mit Hammer-Amboß-Darstellung, 46 v. Chr.

Der Hammer, aus dem Faustkeil hervorgegangen, erhielt zwischen 50 000 und 30 000 v. Chr. seine Urform: Der steinerne Hammerkopf wurde durchbohrt und auf einen Stil gesteckt. Große Bedeutung kam dem Hammer mit Beginn der Eisenzeit – etwa mit dem Einsetzen des 1. Jahrtausends v. Chr. – in der Metallverarbeitung zu. Nun wurde glühendes Roheisen durch intensives Hämmern von der Schlacke befreit, verdichtet und geformt. Mit wachsender Nachfrage nach größeren Schmiedeeisenstücken erfolgte eine Mechanisierung des Schmiedeprozesses. Für das Jahr 1104 ist in Katalonien, Nordspanien, ein Hammerwerk nachweisbar. Hier trieb ein Wasserrad über eine Nockenwelle einen Schwanzhammer an. Wassergetriebene

Hammerwerke blieben bis weit in das 19. Jahrhundert hinein die einzige Möglichkeit, schwere Maschinenteile zu schmieden. 1839 brachte der englische Techniker James Nasmyth einen dampfgetriebenen Hammer heraus, mit dem sich auch große Werkstücke herstellen ließen. Im Bergbau hatten Abbauhämmer über Jahrhunderte hinweg große Bedeutung. 1863 konstruierte der französische Ingenieur Germain Sommeiller einen Preßlufthammer und 1917 der deutsche Ingenieur Robert Bosch die erste Beton-Schlagbohrmaschine.

Literatur: Karl Pichol, *Handhammer, Maschinenhammer, Hammerwerk* (1993).

Messer

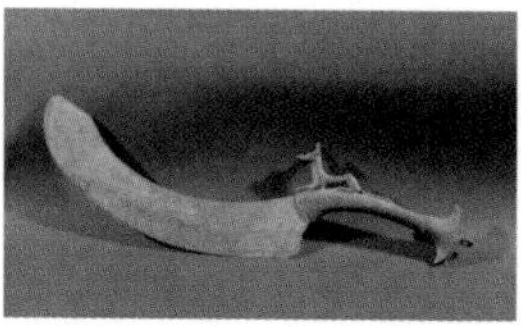

Ägyptisches Messer mit Anubis-Figur, 15.–12. Jh. v. Chr., Bronze

Die ersten Werkzeuge in Messerform sind Dolche aus Flintstein oder Obsidian, einem harten Gestein, dessen gebrochene Kanten sehr scharf sein können; sie wurden in der Mittleren Steinzeit seit etwa 200 000 v. Chr. von Menschen geschaffen. Im Altertum stellte man Messer zunächst aus Bronze, später aus Eisen her; sie waren sowohl Werkzeug als auch Waffe. Aus einem vergrößerten und verlängerten Messer entstanden Schwert und Säbel. In römischer Zeit gehörten Messer zur verfeinerten Tischkultur. Als Hilfsmittel zur Nahrungsaufnahme dienten sie allerdings nur den gehobenen Schichten; das einfache Volk benutzte hölzerne Gegenstände. Die Entwicklung des Tafelmessers ohne Spitze geht auf das absolutistische Frankreich Ludwigs XIV. (1643–1715) zurück. Hier erkannte man die Zweckmäßigkeit des Bestreichens von Brot mit Hilfe eines Messers, wollte aber verhindern, daß sich die Tischgäste ihre Zähne mit der Messerspitze reinigten. Bald erwies sich die Gabel als geeigneter, Nahrung zum Munde zu führen. Die ersten aus Eisen gegossenen Messerklingen wurden 1781 im englischen Chesterfield hergestellt, die ersten gewalzten Klingen 1805 in Derby. In Deutschland entwickelte sich Solingen zum Zentrum der Schneidwarenindustrie.

Literatur: Victorinox (Hg.), *Das Messer und seine Geschichte* (1984). – Henry Petroski, *Messer, Gabel, Reißverschluß* (1994). – Gabriele Mandel, Luca Lucchetti, *Das Messer. Geschichte, Kunst und Kultur* (1996).

Bogenschützen belagern eine Stadt. Neuassyrisch, 9. Jh. v. Chr.

Funde von Pfeilspitzen aus Knochen werden in die Jungsteinzeit datiert; Pfeil und Bogen dürften eine frühe Erfindung von Jäger- und Sammlervölkern etwa um 30 000 v. Chr. gewesen sein. Der älteste auf deutschem Boden gefundene Jagdbogen wird auf ca. 8000 v. Chr. datiert. Solche Bögen bestanden zumeist aus Eiben- oder Ulmenholz, die Bogensehnen aus feinverdrilltem Tierdarm. Die Pfeilspitzen wurden in die vorn aufgespalteten Schäfte eingesetzt und mit Harz und Pech eingeleimt. Die Bronzezeit ermöglichte die Herstellung metallener Pfeilspitzen mit erheblich höherer Durchschlagskraft: Damit entwickelten sich Pfeil und Bogen zu einer Kriegswaffe. In der Eisenzeit konnte der Pfeil seine Durchschlagskraft durch Verwendung eiserner Spitzen nochmals erhöhen und zu einer «panzerbrechenden Waffe» werden. Sie durchschlug Holzschilde und durchdrang auch Harnische. Als Reaktion darauf entwickelte man in römischer Zeit Schuppenpanzer und Kettenhemd als Defensivwaffen. Auch in den Kriegen des Mittelalters wurden noch Pfeil und Bogen neben der ihnen verwandten Armbrust eingesetzt. Mit der Erfindung der Muskete zu Beginn des 16. Jahrhunderts hatten sich freilich diese Waffen zur Kriegführung überlebt. In der Jagd blieben Pfeil und Bogen jedoch noch lange in Gebrauch. Von den erstaunlichen Leistungen alter Meisterschützen erzählen Epen und Sagen, wie etwa jene von Odysseus, Robin Hood, Wilhelm Tell oder der hohen Kunst japanischer Zen-Schützen. Heute werden Bögen zu Sport- und Jagdzwecken zumeist aus Materialien wie Stahl oder glasfaserverstärktem Kunststoff gefertigt.

Literatur: Egon Harmuth, *Die Armbrust* (1975). – Holger Eckhardt, *Pfeil und Bogen* (1996). – Holger Riesch, *Pfeil und Bogen zur Merowingerzeit* (2002).

Keramik

Zwar muß die Tatsache, daß Lehmerden bei starker Hitze hart und wetterfest werden, dem Menschen schon seit Anwendung des Feuers bekannt gewesen sein, doch erst in den Jäger- und Sammlerkulturen der jüngsten Steinzeit scheint man bewußt Gefäße aus Lehm geformt und bei Hitze zu harter Keramik gebrannt zu haben. Die frühesten Funde ornamental verzierter Keramik datieren in die Zeit um 4750 v. Chr. Um 3900 v. Chr. wurde in Ägypten die Fayenceglasur erfunden. Die wohl wichtigste Erfindung im Zuge der Keramikherstellung war die Töpferscheibe, die um 3200 v. Chr. in Mesopotamien nachweisbar ist. Sie erlaubte eine wesentlich schnellere Herstellung von Gefäßen, die zudem dünnwandiger und damit leichter waren. Um 950 v. Chr. bildete sich die griechische Keramikkultur aus, die ab 550 v. Chr. in der attischen Vasenmalerei ihre Blütezeit erlebte. 620 n. Chr. ist die erste Porzellankeramik in China nachweisbar, doch erst um 1350 begann man dort mit der Herstellung des feinen, dünnwandigen Porzellans, das oft schon die typische Kobaltbemalung unter der Glasur aufwies. Die Herstellung des Porzellans war ein wohlgehütetes Geheimnis und sicherte China für vier Jahrhunderte eine Monopolstellung. Um 1450 gelangte chinesisches Porzellan nach Europa und wurde dort zu einem begehrten Luxusgut. Zur gleichen Zeit setzten Bemühungen ein, diese Feinkeramik durch die preisgünstigere Fayence nachzuahmen. 1585 nahm die erste Fayencemanufaktur in Delft ihren Betrieb auf. 1694 stellte der Mathematiker Ehrenfried Walter von Tschirnhaus die ersten wissenschaftlichen Versuche an, Porzellan herzustellen, doch erst seinem Gehilfen Johann Friedrich Böttger gelang es 1709, das Geheimnis der Zusammensetzung der Porzellanerde zu entschlüsseln und das erste, dem chinesischen ähnliche Porzellan in Europa herzustellen. Im 19. Jahrhundert beherrschte das billige Steingut den Massenmarkt, bis dann zu Beginn des 20. Jahrhunderts anspruchvollere, feinere Keramik einen neuen Aufschwung erlebte. Im 20. Jahrhundert erlaubten im Sinterverfahren hergestellte ingenieurkeramische Werkstoffe besondere Verwendungen. Die technischen Eigenschaften der Oxidkeramiken wie Temperatur- und Korrosionsbeständigkeit sowie besondere Härte werden in der Herstellung hoch beanspruchter Schneid- und Schleifwerkzeuge sowie von Halbleitern und Reaktorwerkstoffen besonders geschätzt. Nachteile der Oxidkeramik sind jedoch ihre Sprödigkeit und Brüchigkeit. Seit längerem wird mit einigem Erfolg versucht, die Vorzüge keramischer Werkstoffe mit denen von Metallen zu verbinden (Cermets). Neuere Verbundwerkstoffe aus Kohlefasern und Keramik sind leicht, mechanisch stabil und bis 2800°C hitzebeständig; sie gelangen in der Produktion stark belastbarer Teile von Düsentriebwerken oder Raketen zum Einsatz.

Literatur: Uwe Mämpel, *Keramik* (1985). – Susan Peterson, *Handwerk und Kunst der Keramik* (1999). – Emmanuel Cooper, *Thousand Years of Pottery* (2000). – Hans-Joachim Braun, Alexandre Herlea (Hg.), *Materials. Research, Development, Applications* (2002). – Gustav Weiß, *Keramik – die Kunst der Erde* (2004).

Schrift

Der Gedanke, Ereignisse schriftlich festzuhalten und zu überliefern, ist eine der frühesten Kulturleistungen der Menschheit. Erste Anfänge einer Bildersprache sind bereits 10 000 v. Chr. in Höhlenmalereien nachweisbar. Dabei wurde die rein bildliche Darstellung, etwa von Jagdszenen, zunehmend zu Zeichen und Symbolen abstrahiert. Früheste Zeugnisse einer Schriftsprache kommen aus dem Reich der Sumerer, wo man um 3200 v. Chr. die Schrift entwickelte, um den Anforderungen einer umfangreichen Güterverwaltung der Tempel genügen zu können. Die Schriftsprache wurde von den babylonischen und assyrischen Kulturen übernommen und durch Einritzen von Symbolen in weichen Ton zur Keilschrift umgewandelt. Etwa zur gleichen Zeit wie im Zweistromland entstand zu Beginn des 3. Jahrtausends v. Chr. in Ägypten eine eigene Bilderschrift. Um 2000 v. Chr. war diese, später von den Griechen «Hieroglyphen» genannte Schrift, voll entwickelt. Im frühen 8. Jh. v. Chr. adoptierten Griechen die altsemitische Schrift Phöniziens, veränderten sie aber, um sie den eigenen Sprachbedürfnissen anzupassen. Aus dem 6. Jahrhundert v. Chr. stammen die ältesten Reste lateinischer Inschriften, wobei sich das Lateinische später zur meistgebrauchten Schrift weiterentwickeln sollte. Ab dem 2. Jh. entstand in Skandinavien die Runenschrift. Die um 800 in der Gelehrtenschule Karls des Großen entwickelte karolingische Minuskel bildete die Grundlage der heutigen lateinischen Schrift. 1825 entwickelte der blinde Erfinder Louis Braille mit der Prägepunktschrift zum Tasten eine völlig neue Schriftform, aus der die moderne Blindenschrift hervorging. Mit dem Beginn der massenweisen Produktion von Comicstrips in den

1890er Jahren entstand in den USA eine Mischform von archaischer Bilder- und moderner Buchstabenschrift. Die heutigen Schriftsprachen umfassen höchst heterogene Zeichensysteme: Die altehrwürdige Zeichenschrift Chinas, die über Sprachgrenzen hinweg verständlichen Piktogramme auf Flughäfen oder die nur dem Computer verständlichen EAN-Strichcodes.

Literatur: Johannes Friedrich, *Geschichte der Schrift* (1966). – Donald Jackson, *Alphabet. Die Geschichte vom Schreiben* (1980). – Harald Haarmann, *Geschichte der Schrift* (2002).

Glas

Die Ursprünge der Glasherstellung sind unklar. Wahrscheinlich begann die systematische Herstellung von Gefäßen und Schmuckstükken aus Glas im späten 3. Jahrtausend in Mesopotamien. Um 1600 v. Chr. kam in Assyrien die Technik auf, dem Schmelztiegel kleine Mengen glutflüssigen Glases zu entnehmen und zu Gefäßen zu blasen. Die Kunst des Glasblasens verbreitete sich über Handelswege nach Europa. Ihre erste Blütezeit erlebte sie in der römischen Kaiserzeit, als Glasbläser durch kontrollierte Feuerung der Schmelztiegel höhere Temperaturen erzeugten. Durch Beimischung von Manganoxid wurde seit dem 8. Jh. v. Chr. Klarglas hergestellt. Wahrscheinlich geriet die Glasmacherkunst mit dem Untergang des weströmischen Reiches (476 n. Chr.) zeitweise in Vergessenheit. Erst im 12. Jahrhundert lebte sie wieder auf, wovon großartige Kathedralenfenster Zeugnis ablegen. Fensterglas bürgerte sich erst im ausgehenden Mittelalter ein. 1676 erzeugten englische Glasbläser durch Reinigung von Bleioxid das leicht schleifbare Bleikristall; wenig später, 1688, kam in Frankreich ein Plangießverfahren zur Herstellung großer Spiegelglasscheiben zur Anwendung. Hierbei wurde die flüssige Glasmasse auf einem Gießtisch gewalzt und in erkaltetem Zustand geschliffen und poliert. Die Rückseite des Glases belegte man anschließend mit Quecksilber. Der steigende Bedarf der Wissenschaft an optisch reinem Glas intensivierte ab Mitte des 18. Jahrhunderts die Suche nach schlierenfreiem Glas. Zu Beginn des 19. Jahrhunderts stellte der Physiker Joseph Fraunhofer die Glasproduktion auf eine wissenschaftliche Grundlage. Ab 1876 entwickelten Otto Schott und Ernst Abbe in Zusammenarbeit mit dem optischen Betrieb Carl Zeiss in Jena zahlreiche neuartige Glassorten für optische und industrielle Zwecke.

Neuerdings findet die Glasfasertechnologie auch in der Datenübertragung, als Glaskeramikmischstoff bei höchstbeanspruchten Bauteilen oder in der Weltraumtechnik Anwendung.

Literatur: Günther Döderlein, *Zur Geschichte des Glases* (1981). – Hugh Tait (Hg.), *Five Thousand Years of Glass* (1991). – Winfried Glocker, *Glas* (1992). – Werner Kroker (Hg.), *Glas. Kunst, Technik, Wirtschaft* (2001). – Keith Cummings, *A History of Glassforming* (2002). – Alan Macfarlane, Gerry Martin, *Welt aus Glas. Eine Kulturgeschichte* (2004).

Pflug

Spätestens um 5000 v. Chr. vollzog sich ein schrittweiser Übergang von der Kultur der Jäger und Sammler zu jener von Ackerbauern und Viehzüchtern. Zum Ackerbau wurde damals die Hacke verwendet. Doch bereits um 4000 v. Chr. existierten in Europa einfache, wohl von Menschen gezogene Hakenpflüge aus Holz. Ab 3000 v. Chr. zogen Rinder, Esel oder Maultiere den Pflug; ab 2000 v. Chr. übernahmen dies häufig die leistungsfähigeren Pferde. Im 4. Jh. n. Chr. kam der Radpflug auf. Die schollenwendende Pflugschar, welche den Ernteertrag deutlich zu verbessern half, mag vielleicht schon früher erfunden worden sein, setzte sich aber erst im hohen Mittelalter durch. Damals kam es auch zu einer zunehmenden Verwendung von Eisenteilen am Pflug. Dies ermöglichte eine größere Furchentiefe und eine weitere bedeutende Ertragssteigerung, worauf die stetig wachsende Bevölkerung auch angewiesen war. Die Dampfmaschine schließlich bildete die Voraussetzung für den Einsatz schwerer, an Drahtseilen gezogener Mehrscharpflüge. Das maschinelle Pflügen wurde 1855 durch die Zusammenarbeit des englischen Ingenieurs John Fowler mit dem Deutschen Max Eyth begründet. Das Dampfpflügen bewährte sich vor allem auf den großen Anbauflächen europäischer Adelsgüter, aber auch auf den Baumwollplantagen Ägyptens, Indiens und der USA. Seit Beginn des 20. Jahrhunderts wurde der Dampfpflug zunehmend vom Traktor verdrängt, an den ein Pflug angehängt oder unmittelbar befestigt wurde. In Europa begann die allgemeine Motorisierung der Landwirtschaft mit dem Einsatz leistungsfähiger Ackerschlepper erst nach dem Zweiten Weltkrieg; danach setzte sich der Anbaupflug durch. Er wird über ein Dreipunktgestänge mit dem Schlepper verbunden und ist einfacher zu benutzen.

Literatur: Emil Werth, *Grabstock, Hacke und Pflug* (1954). – Andreas Kuntz, *Der Dampfpflug* (1979). – Klaus Herrmann, *Pflügen, Säen, Ernten. Landarbeit und Landtechnik in der Geschichte* (1985).

Rad

«Er hat das Rad nicht erfunden» oder: «Man muß das Rad nicht noch einmal erfinden». Solche häufig gebrauchten Formulierungen weisen darauf hin, daß es sich beim Rad um eine ganz besondere Erfindung handeln muß. Und in der Tat: Von vielen wird das Rad als die wichtigste Erfindung der Technikgeschichte angesehen. Dabei liegen, wie so häufig, die Ursprünge im dunkeln. Unsere Vorfahren fanden bald heraus, daß sich große Lasten leichter über Teile von untergelegten Baumstämmen fortbewegen ließen. Glättete man die Oberflächen solcher Rundhölzer, so ergaben sich daraus Walzen. Der im 4. Jahrtausend v. Chr. im östlichen Mittelmeerraum erfolgte Übergang von der Walze zum Rad stellte eine entscheidende Verbesserung dar. Um das Scheibenrad leichter zu machen, entstand das aus Nabe, Speichen und Felge bestehende Speichenrad. Ab dem 2. Jahrtausend v. Chr. sind für Transport-, Streit- und Jagdwagen vier- bis sechsspeichige Räder nachweisbar, deren Felgen aus einem einzigen Stück Holz gebogen wurden. Ihre leichte Konstruktion erforderte die Aufbringung eines Radreifens, zunächst aus Leder, der von zahlreichen Kupfernägeln gehalten wurde. Spätestens in römischer Zeit kamen schmiedeeiserne Radreifen auf. Im Mittelalter wurde die Form des Wagenrades weiter verbessert: Die Anzahl der Speichen erhöhte sich, die Statik des Rades wurde verbessert und der Anwendungsbereich ging über Transportzwecke hinaus. Wo mechanische Drehbewegungen menschliche Arbeit erleichterten, kamen Räder später als Antrieb oder für die Kraftübertragung in Mühlen, Dampfmaschinen oder Drehbänken zum Einsatz. Verbesserungen der Gußtechnik und die Erfindung des nahtlos gewalzten, stählernen Radreifens verliehen dem Eisenbahnrad im 19. Jahrhundert seine heutige Form. Das Aufkommen des Fahrrades in der Mitte des 19. Jahrhunderts ist eng mit der Entwicklung des leichten Drahtspeichenrades verbunden. Ein darauf gelegter Luftgummireifen verbesserte das Laufverhalten, setzte den Rollwiderstand des Rades herab und war später auch für die Verbreitung des Automobils wichtig.

Literatur: Otto Patzelt, *Triumph des Rades. Geschichte und Bedeutung einer Erfindung* (1979). – Wilhelm Treue (Hg.), *Achse, Rad und Wagen* (1986). – Rudolf Krebs, *Fünf Jahrtausende Radfahrzeuge* (1994). – Peter Kemper (Hg.), *Am Anfang war das Rad. Eine kleine Geschichte der menschlichen Fortbewegung* (1997).

Wasserrad

4,5 m hohes unterschlächtiges Wasserrad zum Antrieb von Mühlen und Maschinen am Schwallech in Augsburg

Wasserräder waren im Orient bereits im 3. Jahrtausend v. Chr. bekannt; um 1700 v. Chr. wurden sie im Zweistromland zur Feldbewässerung eingesetzt. In ihrer frühen «unterschlächtigen» Form nutzten sie die Strömungsenergie von Fließgewässern aus. Im ersten vorchristlichen Jahrhundert wurden sie zum Antrieb von Getreidemühlen verwendet. Um 50 v. Chr. traten im Römischen Reich neben den horizontalen auch vertikal laufende Wasserräder zum Antrieb von Mühlen auf. Zu den unterschlächtigen kamen «oberschlächtige» Wasserräder hinzu, bei denen das Wasser über ein Gerinne von oben zugeführt wurde. Sie hatten einen Wirkungsgrad von bis zu 80 Prozent. Als Zwischenform entstand das mittelschlächtige Wasserrad, bei dem Wasser auf Höhe der Achse einströmte und das sowohl die Lage- als auch die Strömungsenergie verwertete. Im Mittelalter und in der frühen Neuzeit dienten Wasserräder vornehmlich als Antrieb in Walkmühlen – wichtig zur Herstellung von Lederwaren und Textilien – in Kornmühlen sowie in Hammerwerken. Ende des 17. Jahrhunderts erregte die mit 14 unterschlächtigen Rädern von 11 m Durchmesser arbeitende Anlage bei Marly an der Seine Aufsehen. Sie diente zur Speisung der Wasserspiele am Versailler Hof. Ab der Mitte des 17. Jahrhunderts versuchten Mühlenbauer und Ingenieure, den mit 25 Prozent geringen Wirkungsgrad der unterschlächtigen Wasserräder zu steigern. Die Anwendung mathematisch-naturwissenschaftlicher Kenntnisse und geeigneter Materialien wie Gußeisen und Stahlblech führte am Ende des 18. Jahrhunderts zu höheren Wirkungsgraden. So blieben Wasserräder oft gegenüber Dampfmaschinen konkurrenzfähig. Im folgenden spaltete sich die Entwicklung in schnellaufende Wasserturbinen und verbesserte Wasserräder auf. 1827 konstruierte der französische Ingenieur

Jean Victor Poncelet den Vorläufer einer Wasserturbine. Obwohl die verschiedenen im Verlauf des 19. Jahrhunderts eingesetzten Wasserturbinen effektiver arbeiteten, war das Wasserrad bis in die 1920er Jahre als Antriebskraft im Kleingewerbe beliebt. Unempfindlichkeit, breite Anwendbarkeit sowie preisgünstige Anschaffung waren seine Vorzüge. Der Aufschwung bei regenerativen Energiequellen führte seit den 1980er Jahren wieder zu seiner verstärkten Nutzung.

Literatur: Axel Föhl, *Die Industriegeschichte des Wassers* (1985). – Wilhelm Wölfel, *Das Wasserrad. Eine historische Betrachtung* (1987). – Günter Bayerl (Hg.), *Wind- und Wasserkraft. Die Nutzung regenerierbarer Energiequellen in der Geschichte* (1989). – Johannes Mager, *Mühlenflügel und Wasserrad* (1990). – Frank Tönsmann (Hg.), *Geschichte der Wasserkraftnutzung* (1996).

Schiff

Römische Galeere (phantastische Darstellung)

Wohl zu Beginn der jüngeren Altsteinzeit (ca. 30 000 v. Chr.) begann der Mensch, Boote zu bauen; Gewässer wurden mit Einbäumen sowie Kanus mit Spantgerippe und Tierhaut- oder Rindenbespannung befahren. Unbekannt ist, wann der Mensch erstmals mit einem Segel den Wind einfing, um ihn zum Antrieb eines Bootes zu nutzen. Die ältesten Abbildungen von Segelschiffen stammen aus Ägypten und werden auf ca. 3200 v. Chr. datiert. Die Handelsbeziehungen im Mittelmeerraum erforderten längere Fahrten auch zu Wasser. Im 7. und 8. Jahrhundert setzten sich im skandinavischen Raum einmastige Kielboote mit guten Segeleigenschaften durch. Mit solchen Schiffen überquerten Wikinger bereits um 1000 den Atlantik. Der ab 1400 aufblühende Seehandel in den Küstenstädten Europas machte in den folgenden Jahrhunderten immer größere Segelschiffstypen erforderlich: die dreimastige Karracke im 15., die Galeone im 16. bis 18., die Fleute im 17. und das Vollschiff im ausgehenden 18. Jahrhundert. Das 19. Jahrhundert brachte den Höhepunkt und Abschluß in der Entwicklung der Segelschiffahrt. Hatte der Wunsch, von Wind und Wellen unabhängig zu sein, schon früh zum Antrieb von Booten durch Muskelkraft geführt, so wurde 1783 das erste funktionstüchtige Dampfschiff auf der Seine vorgestellt. Robert Fulton, ein Amerikaner, baute 1808 den ersten Raddampfer. Seit den 1820er Jahren kamen schraubenförmige Propeller für den Schiffsantrieb in Gebrauch. 1838 überquerte mit dem Raddampfer «Sirius» und der von dem englischen Ingenieur Isambard Kingdom Brunel konstruierten «Great Western» erstmals zwei Schiffe den Atlantik, die mit ihren Segeln und mit Maschinen unterschiedliche Antriebsarten kombinierten. Die im gleichen Jahr von Brunel gebaute «Great Britain» war bereits mit einem Eisenrumpf ausgestattet. Im weiteren Verlauf des 19. Jahrhunderts ermöglichte die Dampfschiffahrt auch den Bau von Spezialschiffen: 1871 lief der erste Eisbrecher vom Stapel, 1885 wurde das erste Tankschiff und 1904 der erste Kühlfrachter in Dienst gestellt. Nach dem Stapellauf des Dampfturbinenschiffes «Turbinia» in England 1894 erlangte die Dampfturbine als Antrieb für schnelle Handels- und Kriegsschiffe wachsende Bedeutung, und zu Beginn des 20. Jahrhunderts stand dem Schiffbau mit dem Dieselmotor eine weitere Kraftmaschine mit hohem Wirkungsgrad zur Verfügung. Nach dem Zweiten Weltkrieg erfuhr die Handelsschiffahrt einen starken Wandel. Durch den zunehmenden Luftverkehr verloren die großen Transatlantikdampfer rasch an Bedeutung, doch erforderte der in den Industrieländern stark zunehmende Rohölbedarf den Bau immer größerer Tankschiffe. Der Atomenergieantrieb, der in manchen Kriegsflotten und insbesondere bei größeren U-Booten genutzt wird, konnte sich in der Handelsmarine aus wirtschaftlichen Gründen nicht durchsetzen.

Literatur: William Avery Baker, Tre Tryckare, *Vom Raddampfer zum Atomschiff* (1965). – Björn Landstrom, *Das Schiff. Vom Einbaum zum Atomboot* (1983). – Lars U. Scholl (Hg.), *Technikgeschichte des industriellen Schiffbaus in Deutschland* (3 Bde., 1994–1999). – Lutz Bunk, *Schiffe. Von der Arche Noah bis zur Cap Anamur* (2004).

Waage

Waagen waren und sind für Gewerbe und Handel, aber auch für die Naturwissenschaften von großer Bedeutung. Ein Waagebalken aus dem 5. Jahrtausend v. Chr. wurde in einem prähistorischen Grab in Ägypten entdeckt. Früheste ägyptische Abbildungen einfacher Balkenwaagen stammen aus der Zeit um 2000 v. Chr. Die Aufhängung des Waagebalkens bestand aus einem Seil, an seinen äußeren Enden hingen die Waagschalen. Spätestens um 500 v. Chr. verbesserten Etrusker

Römische Apothekenwaage, 1. Jh., Bronze

und Römer die Genauigkeit der Balkenwaage. In dieser Zeit kamen auch zusätzliche Laufgewichte am Waagebalken zur Feintarierung in Gebrauch. Neben gleicharmigen kannten die Römer auch ungleicharmige Waagen. Der längere Arm trug ein verschiebbares Wägestück sowie eine Strichmarkierung, am kürzeren Arm hing die Schale für die zu wiegende Last. Waagen und Gewichte wurden häufig in betrügerischer Absicht manipuliert, so daß Erlasse in mittelalterlichen Städten vorsahen, bei größeren Warenmengen geeichte Stadtwaagen zu benutzen. In Wechselstuben wurden feine und genaue Waagen gebraucht; in der Renaissance kamen in alchimistischen Labors und Apotheken hochempfindliche Probier- und Analysewaagen zum Einsatz. Wegen ihrer leichten Bedienbarkeit gewannen ungleicharmige Laufgewichtswaagen im 17. Jahrhundert große Bedeutung. 1779 erfand der Franzose G. P. de Roberval die Tafelwaage mit Parallelogrammführung. Sie hatte den Vorteil, daß die Position der zu wiegenden Last auf den Waagschalen das Ergebnis nicht beeinflußte. 1763 baute der schwäbische Pfarrer Philipp Matthäus Hahn eine Neigungswaage mit direkter Gewichtsanzeige. Dezimalwaage und Küchenwaage entstanden in der ersten Hälfte des 19. Jahrhunderts. Um 1850 wurden Versuche unternommen, das Wägeergebnis automatisch zu drucken; 1895 kamen in den USA und in Großbritannien Waagen mit gleichzeitiger Preisanzeige auf. 1939 leiteten zwei amerikanische Ingenieure mit der Nutzung elektrischer Widerstandsänderungen das Zeitalter der elektronischen Waagen ein. Heute werden in vielen Bereichen vollautomatische Waagen eingesetzt.

Literatur: Richard Vieweg, *Aus der Kulturgeschichte der Waage* (1966). – Karl Erich Haeberle, *Zehntausend Jahre Waage. Aus der Entwicklungsgeschichte der Wägetechnik* (1967). – Detlev Scheidt, *Maß und Gewicht bei alten Kulturvölkern. Ursprung und Bedeutung der Waage* (1997).

Zahnrad

Wahrscheinlich wurden die ersten Zahnradgetriebe schon um das Jahr 1000 v. Chr. in Ägypten eingesetzt. Dort waren im 3. Jahrhundert v. Chr. Schöpfwerke mit zwei senkrecht zueinander angeordneten hölzernen Zahnrädern in Gebrauch. Der römische Baumeister Vitruv beschrieb um 30 v. Chr. Zahnräder für den Wasserradantrieb von Getreidemühlen. Die Entwicklung des Zahnrades wurde im Mittelalter vor allem vom Mühlenbau und dem Aufkommen der ersten Räderuhren vorangetrieben. Uhrmacher schöpften das große Potential der möglichen Übersetzungsverhältnisse im Zahnradgetriebe aus. Die wissenschaftliche Erschließung des Zahnrades, insbesondere die reibungsarme Formpaarung der Zahnflanken, erfolgte erst im 17. und 18. Jahrhundert. 1672 ermöglichte der englische Physiker und Mathematiker Robert Hooke mit der Erfindung der Zahnradschneidemaschine die Herstellung gleichförmiger Zahnräder, die vor allem für den Präzisionsuhrenbau benötigt wurden. Das Industriezeitalter brachte einen enormen Bedarf an Zahnrädern mit sich. 1875 entwickelte der Maschinentheoretiker Franz Reuleaux verbesserte Zahnflankenformen. Die Erfindung der Dampfturbine 1884 erforderte neuartige Verzahnungsformen und Getriebe, welche die hohen Umdrehungszahlen rasch auf ein nutzbares Maß herabsetzten. 1892 entwickelte der schwedische Ingenieur Carl Gustav Patrik de Laval ein Getriebe mit schräger Verzahnung, das bei geräuscharmem Lauf einen Wirkungsgrad von 90% erzielte. Getriebe mit schräger bzw. Pfeilverzahnung finden heute vor allem im Automobilbau Anwendung. Die Suche nach der idealen Zahnradform ist jedoch sowohl im Maschinen- als auch im Uhrenbau noch nicht abgeschlossen.

Literatur: Conrad Matschoß, *Die Geschichte des Zahnrades* (1940). – Robert S. Woodbury, *History of the Gear-Cutting Machine* (1964). – Heinrich Graf von Seherr-Thoss, *Die Entwicklung der Zahnrad-Technik* (1965).

Flaschenzug

Wie läßt sich das mühevolle Heben schwerer Lasten erleichtern? Schon früh machten Menschen die Erfahrung, daß man eine Last leichter heben kann, wenn sie an einem Seil befestigt wird, das über einen Ast geworfen wird. Wurde darüber hinaus noch eine drehende Rolle verwandt, so erleichterte dies den Vorgang weiter. Die bildliche Darstellung der Kombination von Seil und einfacher Rolle findet sich bereits auf einem assyrischen Relief um 970 v. Chr. Hierbei handelt es sich um eine «feste», ortsunveränderliche Rolle, auf die später die «lose», ortsveränderliche folgte. Benutzte man eine solche zum Heben einer Last, so wurde die aufzuwendende Kraft halbiert, wobei sich allerdings der zurückzulegende Weg verdoppelte (goldene Regel der Mechanik). Die Verbindung von fester und loser Rolle ergab den Flaschenzug, der Kraftumlenkung und Kraftersparnis vereinte. Er wurde bevorzugt zum Laden und Löschen von Gütern in Häfen, aber auch in Steinbrüchen und auf Baustellen eingesetzt. Theoretische Durchdringung und neue praktische Anwendungen erfolgten durch den griechischen Mathematiker und Physiker Archimedes von Syrakus um 260 v. Chr. Mit Hebeln und Flaschenzügen gelang es ihm angeblich, Schiffe der 212 v. Chr. Syrakus belagernden römischen Flotte aus dem Wasser zu heben oder zum Kentern zu bringen. In der Renaissance fand der Flaschenzug seine spektakulärste Anwendung beim Transport und der Aufrichtung des Obelisken auf dem Petersplatz in Rom durch den Ingenieur Domenico Fontana 1586. Im folgenden blieben der Flaschenzug und seine Anwendungen weitgehend unverändert. Erst mit dem Differentialflaschenzug, der 1861 zum ersten Male in London eingesetzt wurde, konnte eine Effizienzsteigerung erreicht werden; der elektrisch angetriebene Flaschenzug bot eine weitere Erleichterung.

Literatur: Fritz Toussaint (Hg.), *Lastenförderung durch fünf Jahrtausende* (1965).

Schleuse

Kammer der Schleuse Hünsee

Die frühesten Überlieferungen von Schleusensystemen gehen auf die Zeit um 1850 v. Chr. zurück, als Ägypter die Oase Fayum in der libyschen Wüste mittels Kanälen und Schleusen urbar machten. Die Schleusen bestanden aus quer in die Kanäle und Dämme eingefügten Brettern, die den Wasserstand im Kanal regulierten. Der erste Schifffahrtskanal mit einfachen Schleusenanlagen wurde um 1250 v. Chr. in Ägypten unter Ramses II. zwischen Nil und Rotem Meer angelegt. Schleusen, durch die Schiffe den Übergang zwischen Gewässern unterschiedlicher Wasserspiegel überwinden konnten, sollen in China um 950 v. Chr. bekannt gewesen sein. Bei diesen Schleusen in Binnenschiffahrtskanälen handelte es sich um Sperrwände mit einem Tor zwischen Ober- und Unterwasser. Das im Oberwasser befindliche Schiff passierte das geöffnete Tor mit dem abfließenden Wasser. In römischer Zeit beschränkte sich die Wasserbaukunst im wesentlichen auf Aquädukte und Kanalisationssysteme; einfache Schleusen waren beim Bau der ab 100 v. Chr. aufkommenden Wassermühlen nötig. Größere Kanalbauten für die Schiffahrt wurden im Mittelalter angegangen. Hier stand Holland im Vordergrund, dessen Terrain ein umfangreiches Kanalsystem zur Entwässerung und Verkehrserschließung notwendig machte. 1235 wurde dort als wesentliche Verbesserung eine Kammerschleuse gebaut, die zum Standardtyp der Schiffahrtsschleuse werden sollte. Dabei fuhr das Schiff in ein durch zwei Tore verschließbares Becken ein, dessen Wasserspiegel dem unteren bzw. oberen Niveau des Kanals angeglichen werden konnte. Der zunehmende Handel erforderte vor allem seit dem 18. Jahrhundert ausgedehnte Kanalsysteme zum Transport von Rohstoffen und Produkten. Dabei machten die geographischen Verhältnisse die Überwindung großer Höhenunterschiede notwendig. Dies ließ sich in vielen Fällen nur durch das Hintereinanderlegen mehrerer Kammerschleusen (Schleusentreppen) lösen. Kam der 1869 eröffnete Suezkanal noch ohne Schleusen aus, so musste der 1914 eröffnete Panamakanal die 82 m hohe Wasserscheide zwischen Atlantik und Pazifik mit mehrstufigen Doppelschleusen überwinden.

Literatur: Hans Dehnert, *Schleusen und Hebewerke* (1954). – Fritz Kretzschmer, *Bilddokumente römischer Technik* (1978). – Hans-Joachim Uhlemann, *Schleusen und Wehre. Technik und Geschichte* (2002).

Bogen

Bogen als stützenlose Überspannung von Maueröffnungen sind sehr alt. Etwa 2000 v. Chr kannten bereits die Bewohner des Zweistromlandes einfache Bogen. Um 600 v. Chr. entwickelten die Etrusker eine Steinmetzkunst auf hohem Niveau, die sie zur sorgfältigen Ausführung von Tonnengewölben und Torbögen befähigte. Die Römer führten, wohl nach etruskischem Vorbild, die Verwendung des Bogens in der Baukunst zu hoher Blüte. 142 v. Chr. entstand als erste steinerne Bogenbrücke der Pons Aemilius in Rom; 62 v. Chr. wurde dort mit der Pons Fabricius eine Bogenbrücke errichtet, die dem statischen Ideal römischer Baumeister folgte. Schon in Mesopotamien kannte man den Spitzbogen, eine Abart des halbkreisförmigen Bogens. Er findet sich später in der Architektur der Araber wieder und kam im 8. Jahrhundert mit den Mauren nach Europa. In der gotischen Baukunst ab ca. 1100 n. Chr. war der aus dem gleichschenkligen Dreieck konstruierte Spitzbogen sehr beliebt. Bei den großen Kathedralen mit ihren schlanken Säulen und großen Fensterflächen traten bei seiner Verwendung allerdings statische Probleme auf. Mit Hilfe außen angesetzter Strebebögen und -pfeiler wurden seitliche Schubkräfte der Gewölbe in das Erdreich abgelenkt. Die Wiederentdeckung der antiken Baukunst in der Renaissance ab 1400 führte zu einer neuerlichen und größeren Verbreitung des Halbkreisbogens in der Architektur. Im Industriezeitalter verhalfen Materialien wie Gußeisen und Stahl sowie neu entwickelte statische Berechnungsmethoden dem Bogen zu vielfacher Verwendung. Die Einführung von Stahl ermöglichte die Herstellung schlanker Fachwerkgitterbogen. 1863 revolutionierte der deutsche Ingenieur Johann Wilhelm Schwedler die Tragwerkslehre mit der Einführung des Dreigelenkbogens. Sein Fußpunkt ruht auf Gelenken, die im Scheitelpunkt mit einem dritten Gelenk zusammengeführt werden. Der Dreigelenkbogen ermöglichte große Spannweiten bei der Überdachung von Fabrik-, Bahnhofs- und Ausstellungshallen.

Literatur: Ernst Heinle, Jörg Schlaich, *Kuppeln aller Zeiten, aller Kulturen* (1996). – Norbert Nußbaum, Sabine Lepsky, *Gewölbe. Eine Geschichte seiner Form und Konstruktion* (1999).

Brücke

Der Wunsch, ein Gewässer trockenen Fußes zu überqueren, ist wohl so alt wie die Menschheit selbst. Ein über einen Bach gestürzter Baumstamm bildete wahrscheinlich die erste Balkenbrücke. Beim zweiten Brückentyp, der Hängebrücke, benutzten die Indianervölker Südamerikas von Lianenseilen getragene Stege. Um 300 v. Chr. legte man in der chinesischen Provinz Yünnan die erste eiserne Hängebrücke an: einen Hängesteg, bei dem schmiedeeiserne Ketten einen hölzernen Bodenbelag trugen. Der jüngste Brückentyp ist die Bogenbrücke, deren Konstruktion bereits eine hochentwickelte Bautechnik erforderte. 142 v. Chr. entstand als erste steinerne Bogenbrücke der Pons Aemilius in Rom. Durch Aneinanderreihung von Bögen

Historische Brücke über die Neretva, die den kroatischen mit dem moslemischen Teil von Mostar verbindet. 1556 von den Türken erbaut, 1993 im Bürgerkrieg zwischen Kroaten und Moslems zerstört, 2004 wieder aufgebaut.

konnten später Aquädukte von erheblicher Länge gebaut werden. Die technischen Entwicklungen des Industriezeitalters ermöglichten neue Anwendungen im Brückenbau. Wurde die erste gußeiserne Brücke der Welt 1779 bei Coalbrookdale in England noch als Bogenbrücke ausgeführt, so beschritt der Nordamerikaner James Finlay 1796 mit dem Bau der ersten modernen Hängebrücke neue Wege. Die Einführung des Stahls im Brückenbau erlaubte es bald darauf, die Balkenbrücke in leichte Fachwerkträger aufzulösen, deren äußere Form sich ganz den Gesetzen der Statik unterordnete. 1883 wurde mit der Brooklyn Bridge in New York die seinerzeit längste Hängebrücke der Welt eröffnet. Die Verwendung des Stahlbetons im Brückenbau machte bald darauf ebenso kühne wie filigrane Konstruktionen möglich. Nach wie vor bleibt die Hängebrücke die Konstruktion für große Spannweiten; die Golden Gate Bridge in San Francisco (1937) weist eine Spannweite von 1200 m, die 1998 eröffnete Brücke über den Großen Belt eine Spannweite von 1642 m bei einer Gesamtlänge von 6790 m auf. Gleichwohl machen Balkenbrücken aus Stahl- und Spannbeton heute noch über 90 Prozent aller Brückenbauten aus.

Literatur: David J. Brown, *Brücken* (2. Aufl. 1996). – Richard R. Dietrich, *Faszination Brükken. Baukunst – Geschichte – Technik* (1998). – Dirk Bühler, *Brückenbau im 20. Jahrhundert* (2004).

Uhr

Zur Bestimmung fester Zeitpunkte im Tages- und Jahresablauf orientierte man sich bis ins Mittelalter an astronomischen Erscheinungen, besonders an Sonne und Mond. Neben Sonnenuhren als wichtigstem Zeitmesser traten Kerzen-, Öl- und Wasseruhren, die aber, wie auch die Zählung der Pulsschläge, nur kurzfristigen Mes-

Römische Sonnentaschenuhr, 2. Jh. n. Chr.

sungen dienten. Um 1270 wurden in englischen Klöstern erstmals durch Gewichte angetriebene Räderuhren verwendet, die durch Glockenschlag die Gebetsstunden bestimmten. Ab 1300 waren solche Uhren in den großen Kathedralen Europas sowie in den Rathäusern der größeren Städte anzutreffen. Der Glockenschlag der Uhren bot Orientierung und diente zudem der Regelung und Kontrolle der Arbeits- und der Feiertage. Auch im Handel und Gewerbe gewann die Zeitmessung immer stärkere Bedeutung. Setzte man bei Räderuhren Gewichte und Schwerkraft zum Antrieb ein, so kam um 1430 die Kraft der Spiralfeder hinzu. Ein gleichmäßiger Gang ließ sich so jedoch nicht erzielen, da eine stark gespannte Feder mehr Kraft als eine schwach gespannte liefert. Wahrscheinlich norditalienische Uhrmacher schufen hier mit der «Schnecke» Abhilfe, deren verschieden große Durchmesser die nachlassende Federkraft ausglichen. Auch wurden die Uhren kleiner. Um 1512 begann der Nürnberger Peter Henlein mit der Herstellung kleiner, an einer Halskette zu tragenden Uhren. Der reibungslose Ablauf der Natur schien im technischen Räderwerk der Uhr seine Entsprechung zu finden. 1657 entwickelte der niederländische Physiker Christian Huygens die ganggenaue Pendeluhr. 1713 stellte John Harrison den ersten tragbaren Schiffschronometer vor, der sich in der Seefahrt zur geographischen Längenbestimmung bewährte. Bereits Ende des 18. Jahrhunderts entwickelte der französische Uhrmacher Abraham-Louis Breguet Stoßsicherung und Automatikaufzug; 1918 stellte der amerikanische Physiker Walter Guyton Cady fest, daß ein elektrisch angeregter Quarzkristall in hochfrequente und hochkonstante Schwingungen gerät und ein neues Prinzip der präzisen Zeitmessung ermöglicht. Eine weitere Steigerung der Schwingungsfrequenz und -konstanz wurde 1949 mit dem Bau der ersten Atomuhr erzielt.

Literatur: Klaus Maurice, Otto Mayr (Hg.), *Die Welt als Uhr* (1980). – Gerhard König, *Die Uhr. Geschichte, Technik, Stil* (1991). – Gerhard Dohrn-van Rossum, *Die Geschichte der Stunde. Uhren und moderne Zeitordnungen* (1992). – Giampiero Negretti, Paolo de Vecci, *Faszination Uhr. Eine Geschichte der Zeitmessung* (1996). – Carlo M. Cipolla, *Wie die mechanische Uhr das Leben veränderte* (1997).

Bockwindmühle bei Krosigk, Saalkreis (Sachsen-Anhalt)

Windmühlen waren wohl bereits um 2000 v. Chr. in Kleinasien bekannt. Anderen Überlieferungen zufolge sollen sie erst im 7. Jahrhundert in Persien erfunden worden sein. Da die Perser keine Getriebe und Übersetzungen verwandten, konnte sich das Mühlrad bei starkem Wind so schnell drehen, daß das Mehl als Folge der Reibungshitze unbrauchbar wurde. Die ersten europäischen Windmühlen werden im England des 9. Jahrhunderts erwähnt. Hier, wie später in den Niederlanden, wurden sie auch bei Entwässerungsvorhaben eingesetzt. Ein früher Beleg aus England beschreibt 1185 eine Windmühle mit einem vertikal laufenden Flügelkreuz. Bei den aus Holz gebauten deutschen Bock-Windmühlen, die im 13. Jahrhundert aufkamen, wurde das gesamte Mühlenhaus um einen Zapfen in den Wind gedreht. Die spätere Turm- oder Holländerwindmühle, die gegen Ende des 16. Jahrhunderts in den Niederlanden entwickelt wurde, zeichnete sich dadurch aus, daß nur die eigentliche Turmhaube drehbar gelagert war. Diese Haube trug die Hauptwelle mit den Flügeln. Gegenüber der Bockwindmühle liefert die Holländerwindmühle die doppelte Leistung. Ihr großer Innenraum und ihre sturmfeste Konstruktion machten sie zum idealen Antrieb für alle energieabhängigen Gewerbe. 1854 kamen in den USA die ersten serienmäßig hergestellten Windturbinen auf. Solche Windmotoren lieferten bald, gekoppelt mit einem Generator und einer Akkumulatorenbatterie, elektrischen Strom. Die Zeit der modernen Windenergienutzung begann 1891, als der dänische Meteorologe Poul La Cour nach Windkanalversuchen eine Windkraftanlage errichtete. In den Niederlanden entwarfen Ingenieure ab 1930 unterschiedliche stromlinienförmige Anströmkanten für Mühlenflügel. Bald konnten Windkraftanlagen von mehreren Kilowatt Leistung gebaut werden. Die Ölpreiskrise der 1970er Jahre führte zu einer stärkeren Berücksichtigung der Windenergie. Dänische Ingenieure bauten 1975 einen Windrotor mit 54 m

Durchmesser; der größte deutsche Windpark auf der Insel Fehmarn mit 34 Dreiblattrotoranlagen und einer Leistung von 17 MW wurde 1994 in Betrieb genommen. Befürworter betonen das große Potential der Windenergie; Gegner beklagen die «Verspargelung» der Landschaft.

Literatur: Günter Bayerl (Hg.), *Wind- und Wasserkraft. Die Nutzung regenerierbarer Energiequellen in der Geschichte* (1989). – Richard L. Hills, *Power from Wind. A History of Windmill Technology* (1994). – Otfried Wagenbreth u. a., *Mühlen. Geschichte der Getreidemühlen* (1994). – Matthias Heymann, *Die Geschichte der Windenergienutzung 1890–1990* (1995). – Friedrich Neumann, *Die Windkraftmaschinen. Windmühlen, Windturbinen und Windräder* (Repr. 2002).

Pumpe

Römische Druckpumpe mit zwei Zylindern, Bronze, 1. Jh. n. Chr.

Die Förderung von Wasser zur Versorgung von Feldern, Menschen und Vieh erfolgte schon in der Frühzeit der mesopotamischen Kulturen um 3000 v. Chr. Waren zunächst noch Schöpfeimer gebräuchlich, so wurden um 1600 v. Chr. in Babylon Wasserschöpfräder und tiergetriebene Schöpfwerke eingesetzt. Pumpen im engeren Sinne sind griechischen Ursprungs. Archimedes beschrieb um 230 v. Chr. die Förderung von Wasser mit Hilfe der sogenannten Wasserschnecke – der sich innerhalb eines Rohres drehenden «Archimedischen Schraube». Zur gleichen Zeit berichtete der griechische Mechaniker Ktesibios von einer Kolbenpumpe mit Saug- und Druckventilen. Dabei bestand der Pumpenkörper aus einem durchbohrten Baumstamm, in dem ein hölzerner, mit Lederscheiben abgedichteter Kolben auf- und niederging. Bis zum Beginn der Neuzeit blieben nach diesem Prinzip arbeitende Pumpen das übliche Fördermittel für Flüssigkeiten. Sie dienten vornehmlich der Wasserhaltung in Bergwerken und der Speisung städtischer, klösterlicher oder fürstlicher Wasserkünste. Da die technischen Möglichkeiten der Kolbenpumpen beschränkt waren, wurden alternative Möglichkeiten erforscht. 1689 erfand der hugenottische Mediziner und Physiker Denis Papin die Kreiselpumpe, bei der die Zentrifugalkraft einen Unterdruck und eine Saugwirkung erzeugt. Damit stand dem Gewerbe und der Industrie eine universell einsetzbare Pumpe mit hohem Wirkungsgrad zur Verfügung. Bei großen Wassermengen kommt heute auch die von dem österreichischen Ingenieur Viktor Kaplan 1916 entwickelte Kaplanpumpe zum Einsatz, bei der ein großer, schiffschraubenähnlicher Propeller das Wasser fördert. Mit dem Antrieb durch Dampfmaschinen hatte auch die Kolbenpumpe im 18. Jahrhundert eine erhebliche Steigerung ihrer Leistungsfähigkeit erfahren. 1841 stellte der amerikanische Ingenieur Henry R. Worthington mit der Duplexpumpe eine kompakte Dampfkolbenpumpe vor. Heute wird die Kolbenpumpe vornehmlich zur Förderung zäher Flüssigkeiten (Erdöl) oder als Fahrradluftpumpe eingesetzt.

Literatur: Fritz Schönemann, *Vom Schöpfrad zur Kreiselpumpe* (1987). – Alto Brachner (Hg.), *Geschichte der Vakuumpumpen* (2002).

Schraube

Naturvölker versahen knöcherne Pfeilspitzen bereits mit Gewinden, um sie in hölzerne Pfeilschäfte einzuschrauben. Der Schraube liegt das Prinzip zugrunde, die schiefe Ebene zu mechanisieren. Diese wird gleichsam «um einen Stab gewickelt» und somit das Gesetz *Arbeit* = *Kraft* × *Weg* praktisch angewandt. Wasserschnecken waren in der Antike zur Be- und Entwässerung und zur Wasserhaltung in Bergwerken verbreitet. Um 50 n. Chr. entwickelte Heron von Alexandria ein Verfahren zur Herstellung hölzerner Schraubenmuttern und setzte hölzerne Schraubenspindeln bei Ölpressen und Weinkeltern ein. In der frühromanischen Baukunst entdeckten Baumeister die Wendel- bzw. Spindeltreppe als Sonderform der Schraube. Diese platzsparende Treppenanlage fand vor allem in Gotik und Renaissance breite Verwendung und erfreut sich noch heute großer Beliebtheit. Zu Beginn der Neuzeit wurde die Schraube auch als Mittel zur Präzisionsmessung eingesetzt. 1797 erfand der englische Ingenieur Henry Maudslay die Leitspindeldrehbank, die das Schneiden exakter Schraubengewinde erlaubte. Von erheblicher Bedeutung für den Maschinenbau war die Einführung genormter Schraubengewinde durch den Engländer Joseph Whithworth 1841. Bereits 1826 hatte der Österreicher Joseph Ressel Experimente mit Schrauben als Schiffsantrieb durchgeführt. Bald darauf entwickelten Francis Petty Smith und John Ericsson mit dem schraubenförmigen Propeller einen ausgezeichneten Antrieb für Dampfschiffe. An der Wende zum 20. Jahrhundert leitete diese Erfindung zur Luftschraube, dem heutigen Flugzeugpropeller, über.

Literatur: Rudolf Kellermann, Wilhelm Treue, *Kulturgeschichte der Schraube. Von der Antike bis zum 18. Jahrhundert* (1962). – Joachim Henze, Wolf-Dieter Gericke (Hg.), *Schrauben und Gewinde. Museum Würth* (1992). – Reinhold Würth, Dieter Planck (Hg.), *Die Schraube zwischen Macht und Pracht* (1995). – Hans-Joachim Braun (Hg.), *Schrauben, Fügen, Kleben. Zur Geschichte der Befestigungstechnik* (2004).

Papier

Vor der Erfindung des modernen Papiers benutzte man bereits um 3000 v. Chr. in Ägypten den aus den Stauden der Papyruspflanze gewonnenen Papyrus zur Anfertigung eines Beschreibstoffes. Etwa um 1400 v. Chr. kam das Pergament aus enthaarter, mit Kalk gebeizter Tierhaut hinzu, und 105 v. Chr. stellte der kaiserliche Hofbeamte Ts'ai Lun in China Papier her: mit Maulbeerbast, Hanf und Lumpen erzeugte er unter Zusatz von Wasser einen Faserbrei, von dem er mit einem Sieb einzelne Lagen abschöpfte, preßte, trocknete und glättete. Im Jahre 751 erlangten die Araber auf ihren Feldzügen nach Osten davon Kenntnis und brachten die Erfindung mit in den Westen. 1276 bauten Papiermüller in Fabriano in Italien die erste Papiermühle, für 1390 ist die erste Papiermühle in Nürnberg belegt. Hier trieben Wasserräder Stampfwerke an, welche die zu Streifen zerrissenen Lumpen unter Wasser- und Leimzugabe zu einem Brei vermengten. Mit der Erfindung der Buchdruckkunst stieg die Nachfrage nach Papier stark an. Um 1670 entwickelten niederländische Mühlenbauer den «Holländer», ein Zylindermahlwerk, mit dem Lumpen wirkungsvoller zerfasert, zermahlen und zu einem Papierbrei vermischt werden konnten. Wie in vielen anderen Bereichen, so fand auch in der Papierfabrikation ein Industrialisierungsprozeß statt. 1798 erhielt der Franzose Nicolas-Louis Robert ein Patent auf eine Längssiebmaschine, die eine maschinelle Fabrikation des Papiers ermöglichte. Bei dieser «Papierschüttelmaschine» wurde das Schöpfen des Papierbreis durch dessen Aufgießen auf ein rotierendes Metallsieb ersetzt. In der ersten Hälfte des 19. Jahrhunderts konnte die Papierindustrie ihren Rohstoffbedarf nicht mehr aus Lumpen decken. Holz bot sich als Ausgangsstoff für die Papierherstellung an. 1844 bereitete Friedrich Gottlob Keller zu Staub geschliffenes Holz zu Zellulose auf. Dies ermöglichte die Herstellung preisgünstiger Tageszeitungen, machte das Papier aber auch zu einem billigen Wegwerfprodukt.

Literatur: Günter Bayerl, Karl Pichol, *Papier* (1986). – Wilhelm Sandermann, *Papier. Eine Kulturgeschichte* (3. Aufl. 1997). – Werner Kroker (Hg.), *Der Weg zum modernen Papier* (1999). – Peter F. Tschudin, *Grundzüge der Papiergeschichte* (2002). – Therese Weber, *Die Sprache des Papiers. Eine 2000jährige Geschichte* (2004).

Steigbügel

Steigbügel von Heinrich IV. von Navarra, König von Frankreich (1589–1610)

Das Pferd wurde, wie alte Ritzzeichnungen aus Südwestindien belegen, bereits im 3. Jahrtausend v. Chr. als Reittier benutzt. Seine vorrangige Verwendung war aber die eines Zugtiers. Da den Reitern eine Abstützung im Sattel fehlte, war die Reitdauer stark beschränkt; längere Ritte bei hohem Tempo waren unmöglich. Dies änderte sich erst, als die Mongolen im 3. bis 4. Jahrhundert n. Chr. ihre Sättel mit Steigbügeln ausrüsteten. Diese gaben dem Reiter einen sicheren Halt im Sattel und weiteten seinen Aktionsradius aus. Zudem konnte der Reiter jetzt sicher eine Stoßlanze führen, die, in Verbindung mit der Wucht des dahinstürmenden Pferdes, zu einer schlagkräftigen Waffe wurde. Die Züchtung schwererer und größerer Pferderassen, die der stärkeren Belastung durch den gepanzerten Reiter gewachsen waren, führte neben der Verwendung von Sattel und Steigbügel auch zum Beschlag der Hufe mit Eisen: Roß und Reiter wurde zu einer regelrechten «Kampfmaschine». Der Steigbügel gelangte über China zu den Arabern; dort verlangten gleichermaßen geographische wie politische Gegebenheiten nach einem leistungsfähigen Reise- und Transportmittel. Die Züchtung der Araberpferde kann als direkte Folge der Einführung des Steigbügels gelten. In Europa führte der karolingische Hausmeier Karl Martell 730 den Steigbügel ein. Form und Material des Steigbügels – vorn geschlossen, offener Ring, Holz, Lederschlaufe, Eisen – waren regional unterschiedlich. Im frühen Mittelalter kann die Entwicklungsgeschichte des Steigbügels als abgeschlossen gelten.

Literatur: Lynn T. White, *Die mittelalterliche Technik und der Wandel der Gesellschaft* (1968).

Schießpulver

Schießpulver bezeichnet die zumeist als Treibmittel für Geschosse verwendeten feinkörnigen Gemische, die ursprünglich auch «schwarzes Pulver» genannt wurden. Dies lag an ihrem Aussehen, nicht aber daran, daß der Franziskanermönch Berthold Schwarz um 1350 – einer Legende zufolge – das Schießpulver erfunden hat. Nach einer zuverlässigen Überlieferung wurde diese explosive Mischung aus Kalisalpeter, Schwefel und Holzkohle bereits um 850 in China zur Herstellung von Feuerwerkskörpern benutzt. Pulver zum Einsatz in Schußwaffen war in Europa erst um 1300 bekannt. Um 1400 kam das Geschütz in allgemeinen Gebrauch und leitete einen grundlegenden Wandel in der Kriegstechnik ein. Die mittelalterlichen Stadtmauern hielten dieser neuen Waffe nicht stand, so daß als Reaktion darauf Ingenieure in der Renaissance Festungsstädte mit sternförmigem Grundriß und dicken Erdwällen entwarfen. Fortan standen Festungsbau und steigende Geschützleistung in ständigem Wettlauf miteinander. Die zivile Nutzung des Schießpulvers erfolgte vor allem bei Sprengungen, aber auch beim Feuerwerk. Im Bergbau kam Schießpulver ab 1627 in Gebrauch, doch blieb seine Anwendung beschränkt, da es im Steinkohlenbergbau Schlagwetter (Gasexplosionen) auslösen konnte. Im Laufe des 19. Jahrhunderts wurden wirkungsvollere Sprengmittel entwickelt. 1846 stellte der Turiner Arzt Ascenio Sobrero durch eine Mischung von Salpetersäure und Glycerin das Nitroglyzerin her. Im gleichen Jahr wurde die Schießbaumwolle erfunden. 1867 tränkte der Schwede Alfred Nobel Infusorienerde mit Nitroglycerin und erfand so das Dynamit, den bis dahin wirkungsvollsten Sprengstoff. Das um 1900 eingesetzte Trinitrotoluol (TNT) übertraf das Dynamit noch in seiner Wirkung.

Literatur: S. J. von Romocki, *Geschichte der Explosivstoffe* (1976). – Albert Brunisholz u. a., *Pulver, Bomben und Granaten* (1983). – Gerhard W. Kramer, *Berthold Schwarz. Chemie und Waffentechnik im 15. Jahrhundert* (1995). – Brenda J. Buchanan (Hg.), *Gunpowder* (1996).

Notenschrift

Noten sind Zeichen zur schriftlichen Fixierung von Tönen – ihrer Höhe und ihrer Dauer. Sie führen den Musiker, wenn ein Musikstück von jemand anderem als dem Komponisten aufgeführt oder der

Schwarze Neumen auf rotem, vierzeiligem System, 14. Jh.

Nachwelt überliefert werden soll. Während dies für Europa weitgehend selbstverständlich ist, gibt es hier wie auch in vielen außereuropäischen Ländern auch Volks- und Kunstmusik ohne schriftliche Fixierung. Im alten China und in Babylon wurden Töne mit ihren Buchstaben notiert. In der abendländischen Musik begann die schriftliche Aufzeichnung bereits bei den Griechen. Aus einem der Sprache verwandten Gesang entwickelte sich später die Neumenschrift, eine Art graphischer Tonhöhennotation. Mit den Neumen, die noch keine Linien aufwiesen, wurden im Mittelalter einstimmige Melodien, vorzugsweise liturgische Gesänge, aufgezeichnet. Gaben die Neumen nur einen ungefähren Verlauf der Melodielinien an, so bezeichnete die Choralnotation mit ihren vier Notenlinien genau den Tonhöhenverlauf. Mit dem Aufkommen der Mehrstimmigkeit im 13. Jahrhundert mußten auch Tondauer und rhythmischer Verlauf der Musik notiert werden. Dies geschah durch die bis etwa 1600 gebräuchliche Mensuralnotation: Notenköpfe erhielten nun verschiedene Formen und zusätzliche Hälse; Zeichen für Pausen kamen hinzu. Bis in das 18. Jahrhundert hinein fehlten jedoch genaue Angaben zur Ausführung der Musik, etwa zum Tempo oder zur Lautstärke. Für die Musiker war deshalb eine genaue Kenntnis der Aufführungspraxis nötig. Als mit Beginn der Wiener Klassik das Musizieren von Amateuren größere Bedeutung gewann, wurde eine möglichst genaue Fixierung notwendig. Bei alledem konnte die Notenschrift aber immer nur den musikalischen Verlauf versinnbildlichen; ein Teil des musikalisch Gemeinten blieb stets der Interpretation vorbehalten. Der Notendruck entwickelte sich ab etwa 1500 parallel zum Buchdruck. Die von Alois Senefelder 1798 erfundene Lithographie (Steindruck) erleichterte die Herstellung von Notenblättern durch das Notenstichverfahren. Das 19. Jahrhundert brachte eine ständige Komplizierung des Notenbilds. Die musikalische Entwicklung seit etwa 1950 stellt hohe Anforderungen an Notenschrift und Notendruck; manche Komponisten der neuen Musik verwenden eigene Schriften.

Literatur: Albert C. Vinci, *Die Notenschrift* (1988). – Karl Schnürl, *2000 Jahre europäische Musikschriften* (2000).

Orgel

Positiv (Labialpfeifenorgel) mit vier Registern, um 1600

Die Orgel wird zu Recht als «Königin der Musikinstrumente» bezeichnet. Sie ist ein Tasteninstrument, dessen Klang durch Pfeifen und Wind konstanten Drucks erzeugt wird. Die Steuerung des Windes zu den einzelnen Pfeifen erfolgt von einem Spieltisch aus über Manualklaviaturen, das Pedalsystem und Registerzüge. Die Traktur, ein System aus Hebeln, Wellen und Zugstäben, überträgt die Tastenbewegung auf ein Ventil unter der Pfeife. Die Pfeifen befinden sich auf den sogenannten Windladen, Holzkästen, die unter Winddruck stehen. Öffnet man das Spielventil, so wird der Luftstrom zunächst über die Windlade und durch das Ventil in die Pfeife geleitet. Bis in das 19. Jahrhundert hinein herrschten mechanische Trakturen vor. Danach baute man hauptsächlich pneumatische Trakturen, bei denen die Bewegungen der Spielventile und das An- und Abschalten der Register durch Luftdruck in einem Röhrensystem gesteuert wurde. Heute dienen kleine Elektromagnete zum An- und Abschalten der Register. Die Übertragung der Tastenbewegung geschieht allerdings oft wieder durch eine mechanische Traktur, weil diese dem Spieler die Beeinflussung der Tongebung ermöglicht. Die früheste Form der Orgel ist die Wasserorgel, die etwa 250 v. Chr. entwickelt war und in der der Luftdruck durch das Gewicht von Wasser erzeugt wurde. Im römischen Reich wurde das Instrument bei Hofe, im Theater und im Zirkus benutzt. Im Zuge der Ausgestaltung des Gottesdienstes fand die Orgel in der Karolingerzeit Eingang in die Kirchen und wurde zum wichtigsten Kircheninstrument des Abendlandes. Im 17. und 18. Jahrhundert erreichten die Orgeln eine Hochblüte an Klangmöglichkeiten, doch drohte der Orgel im 19. Jahrhundert mit der Nachahmung des Orchesterklangs der Verlust des orgeleigenen

Klangs. Durch die «Orgelbewegung» im 20. Jahrhundert und der damit verbundenen Rückbesinnung auf alte Bauprinzipien erfolgte eine Gegensteuerung.

Literatur: Bernard Sonnaillon, *Die Orgel* (1985). – Alfred Reichling (Hg.), *Orgel* (2001). – Friedrich Jakob, *Die Orgel* (8. Aufl. 2002).

Kompaß

Zur Ermittlung der Himmelsrichtungen zu Lande diente seit jeher der Stand der Sonne oder der Sterne. Auf See orientierte man sich zusätzlich an Wind, Wolken, der Strömung und, in Küstennähe, am Flug der Vögel; später wurde mit Hilfe von Astrolabien und Sextanten der Stand der Gestirne gemessen. Die magnetischen Eigenschaften weichen Eisens und die Richtwirkung der Magnetnadel waren in China bereits im 2. Jahrhundert v. Chr. bekannt. 1124 n. Chr. wurde zum ersten Mal ein Kompaß erwähnt. Dabei schwamm eine magnetisierte Stahlnadel, in einen Strohhalm geschoben, auf einer wassergefüllten Schale und richtete sich nach Norden aus. Vermutlich im 12./13. Jahrhundert brachten die Araber das Wissen um den Kompaß nach Europa. Nordländische Seefahrer nannten den an einem Faden aufgehängten Magnetstein «Leitstein». Im 16. Jahrhundert erhielt der magnetische Schiffskompaß im wesentlichen seine heutige Form. Bereits auf seiner 1492 unternommenen Fahrt in die «Neue Welt» hatte Christoph Columbus die Mißweisung der Magnetnadel entdeckt: Durch die stetige Wanderung des magnetischen Erdpols zeigte der Kompaß nämlich nicht die genaue Nordrichtung an, sondern wies eine je nach Standort unterschiedliche Abweichung, die sogenannte Deklination, auf. Dies konnte gravierende Navigationsfehler zur Folge haben. Durch systematische Untersuchungen des Erdmagnetismus ab dem Ende des 17. Jahrhunderts, die Wahl eines geeigneten Kompaßstandortes oder durch Kompensationsmagnete, konnte die Abweichung ausgeglichen werden. Neben der Seefahrt erlangte der Kompaß unter anderem im Bergbau große Bedeutung. Ausgehend von den Pendel- und Kreiselexperimenten des französischen Physikers Léon Foucault versuchte Hermann Anschütz-Kaempfe um 1900, die Stabilität des frei aufgehängten Kreisels als richtungsweisendes Prinzip zu nutzen. 1908 erfand er einen brauchbaren Kreiselkompaß, der bald in der deutschen Kriegsmarine verwendet wurde. Er war von der magnetischen Mißweisung unabhängig, arbeitete gut abgeschirmt im Schiffsrumpf und steuerte dort auf elektrischem Wege die Tochterkompasse und die Rudermaschine.

Literatur: Jobst Broelmann, *Intuition und Wissenschaft in der Kreiseltechnik 1750 bis 1930* (2002). – A. R. T. Jonkers, *Earth's Magnetism in the Age of Sail* (2003). – Alan Gurney, *Compass. A Story of Exploration and Innovation* (2004).

Brille

Optische Hilfsmittel zur Korrektur von Sehproblemen gibt es seit dem Ende des 13. Jahrhunderts. Zwar war die Brechkraft der Linse bereits in der Antike bekannt, nicht jedoch ihr Nutzen als Sehhilfe. Hassan Ibn al-Haitham, kurz Alhazen genannt, empfahl bereits im 11. Jahrhundert, Linsen wegen ihrer vergrößernden Wirkung als Sehhilfe zu benutzen. Im 13. Jahrhundert dienten geschliffene feine Berylle – daher der Begriff «Brille» – und Quarze als Vergrößerungsgläser («Lesesteine»). Bei der Ende des 13. Jahrhunderts wohl in Venedig entwickelten Brille wurden die Stiele der beiden Eingläser durch einen Niet verbunden und vor die Augen gehalten. Bei Brillen des 15. Jahrhunderts, die ausschließlich der Korrektur der Alterssichtigkeit dienten, waren die Brillengläser in gußeiserne Gestelle gefaßt und wurden beim Lesen vor die Augen gehalten. Später kamen Klemmfassungen zum Aufsetzen auf die Nase sowie Monokel hinzu, auch standen nun Konkavgläser zur Korrektur der Kurzsichtigkeit zur Verfügung. Um die Mitte des 18. Jahrhunderts stattete der französische Optiker Marc Mitouflet Thomin die Gläserfassungen mit Stahldrahtbügeln aus. Das Tragen von Brillen erfreute sich, je nach Land, unterschiedlicher Beliebtheit. Benutzte man in Frankreich und England die Brille oft nur im stillen Kämmerlein, so stellte man sie in Spanien gern zur Schau. Während des 19. Jahrhunderts ermöglichten es neue Verfahren der Berechnung von Linsen und verbesserte Schleifmethoden, leistungsstärkere Brillen zu fertigen. Die Brille avancierte zu einem Statussymbol der gebildeten Schichten. Sie diente nicht nur der Korrektur von Sehfehlern, sondern, getönt, auch zum Schutz vor starker Lichteinwirkung. Bereits im Mittelalter trugen Glasbläser Schutzbrillen gegen die Blendwirkung und Hitze des Glasofens; Eskimos benutzten früh maskenartige Brillen zum Schutz vor Schneeblindheit. Die heute so beliebten Kontaktlinsen kamen in der Mitte des 19. Jahrhunderts auf. Doch erst die 1946 von Heinrich

Wöhlk entwickelte Kunststofflinse erfüllte die Anforderungen an das Material teilweise; ab Mitte der 1950er Jahre sind geeignete weiche Kunststofflinsen verfügbar.

Literatur: Frank Rossi, *Die Brille. Eine Geschichte der Sehhilfen* (1989). – Emil-Heinz Schmitz, *Handbuch zur Geschichte der Optik. Erg.-Bd. 3. Die Brille* (1995). – Paul Martin Winiger, *Kleine Kulturgeschichte der Brille* (1996). – Beate Ludwig, Henry Walter, *Das Brillen-Buch* (2000).

Buchdruck

Die erste Buchdruckerpresse Johann Gutenbergs, Rekonstruktion

Auf einer «Hitliste» der größten Erfindungen würde dem Buchdruck, insbesondere der Druckerpresse Gutenbergs, sicherlich ein Spitzenplatz gebühren. Der Buchdruck ermöglichte es, Informationen rasch in schriftlicher Form zu verbreiten. Dabei handelte es sich zunächst vor allem um religiöses, insbesondere protestantisches Gedankengut. Die Ausbreitung der Reformation ist eng mit der Verbreitung des Buchdrucks verbunden, gleiches gilt für die Geisteswelt der Renaissance und des Humanismus. In den auf Gutenbergs Erfindung folgenden Jahrhunderten nahm der Umfang des gedruckten Materials rasch zu. Wie in vielen anderen Fällen der technischen Entwicklung, so handelt es sich auch bei der Erfindung des Buchdrucks um ein prozeßhaftes Geschehen, das sich auf viele Jahrhunderte erstreckte. Auch in diesem Zusammenhang spielte China eine wichtige Rolle. Schon im 6. Jahrhundert v. Chr. waren dort Druckstöcke aus geschnitzten Holztafeln in Gebrauch; die Texte wurden auf Stoff, später auf Papier gedruckt. Der Überlieferung nach hat 1041 ein chinesischer Schmied mit Einzellettern aus Holz oder gebranntem Ton gedruckt. Freilich war die chinesische Schrift aufgrund ihrer großen Zahl von Schriftzeichen denkbar ungeeignet, um die Rationalisierungsmöglichkeiten des Buchdrucks auszuschöpfen. Dank der Araber gelangte die Technik des Tafeldrucks nach Westeuropa. Hier erfand Johann Gutenberg eine Gießeinrichtung für bewegliche Lettern und entwickelte im Jahre 1445 das Verfahren, einen Druckstock aus zusammengegossenen beweglichen Einzellettern aus Blei herzustellen. Diese Technik verbreitete sich rasch und hatte unter anderem zur Folge, daß die zahlreichen Klosterschreibstuben überflüssig wurden. Die Industrialisierung, die Ende des 18. Jahrhunderts in Großbritannien begann, zeitigte auch Konsequenzen für den Buchdruck. Die immer größer werdende Nachfrage nach Druckerzeugnissen führte zu Beginn des 19. Jahrhunderts zur Erfindung der dampfgetriebenen Schnellpresse. Ab 1884 ersetzten Zeilensetzmaschinen das Setzen mit Drucktypen. Der Einsatz von Elektrotechnik und Elektronik führte 1935 zur Photosetzmaschine sowie 1965 zu Rudolf Hells computergestütztem photoelektronischen Lichtsatz, der bald darauf vom Laserlichtsatz abgelöst wurde.

Literatur: Helmut Presser, *Das Buch zum Buch* (1978). – Claus W. Gerhard u. a., *Geschichte der Druckverfahren* (4 Bde., 1974–1983). – Hans-Jürgen Wolf, *Geschichte der Druckverfahren. Ein Beitrag zur Geschichte der Technik* (1992). – Werner Kroker (Hg.), *Von der Kalligraphie zum Direct Imaging* (1997).

Prothese

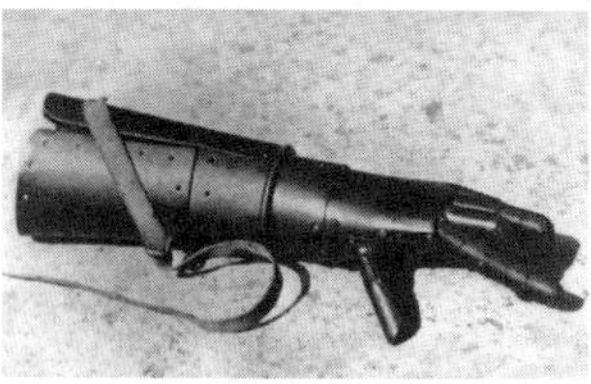

Eiserne Hand des Götz von Berlichingen

Bereits in der Antike benutzten ältere Menschen Stäbe als Gehhilfen. Die früheste Darstellung auf einer ägyptischen Stele aus dem 2. vorchristlichen Jahrtausend zeigt einen Menschen mit Beinlähmung, der sich auf einen langen Stock stützt. Lähmungen, Mißwuchs und besonders die Leprakrankheit, die zum Verlust von Gliedmaßen führen konnte, machten Stützen und Krücken erforderlich. Diese Hilfsmittel bestanden aus Holz und wurden mit Lederriemen oder Leinenbinden an die betroffenen Gliedmaßen angeschnallt oder festgebunden. Eine besondere Art der Prothese stellte die ab Ende des 13. Jahrhunderts aufkommende Brille sowie das Hörrohr für Schwerhörige dar, das man aus einem Rinderhorn anfertigte. Die in der Renaissance entwickelten Prothesen konnten Gliedmaßen fast vollständig ersetzen. Dank Goethes Drama wurde die eiserne Hand des Reichsritters Götz von Berlichingen besonders bekannt, die sich dieser um 1506 von einem Büchsenmacher anfertigen ließ. Hier führten alle fünf Finger die Greiffunktion aus. Die Handprothese saß an einer langen Blechstulpe, die über den Armstumpf gezogen und dort mit Lederriemen befestigt wurde. Üblicher wurden später Unterarmprothesen mit einem Greifhaken. Diese Art von Prothesen blieben über Jahrhunderte weitgehend unverändert. Unter dem Eindruck der zahllosen Kriegsinvaliden des Ersten Weltkrieges konstruierte der deutsche Chirurg Ernst Ferdinand Sauerbruch 1916 den «Sauerbruch-Arm», bei dem die verbliebenen Muskeln des Amputationsstumpfes auf die Prothese einwirkten und sie bewegten. Diese Prothese bewährte sich gut und war solchen, die mit Kleinstelektromotoren bewegt wurden, überlegen. Ein weiteres wichtiges Anwendungsgebiet von Prothesen ist die Gehörtechnik. 1908 kamen die ersten elektrischen Hörapparate auf, die aus einem Mikrofon und einem Kopfhörer bestanden. Größere Fortschritte wurden seit 1990 durch die Verwendung von Elektronikchips erzielt. Zahnprothesen hingegen traten, wie der etruskische Fund eines dünnen Goldbandes als Brücke belegt, bereits um 700 v. Chr. auf. Ab 1935 wurden Acrylharze als Grundstoff für künstliche Zähne eingesetzt.

Literatur: Rolf Winau (Hg.) *Technik und Medizin* (1993). – Katherine Ott, David Serlin, Stephen Mihm (Hg.), *Artificial Parts, Practical Lives. Modern History of Prosthetics* (2002).

Mikroskop

Mikroskop mit künstlicher Beleuchtung des Objektivtisches, Kupferstich, 17. Jh.

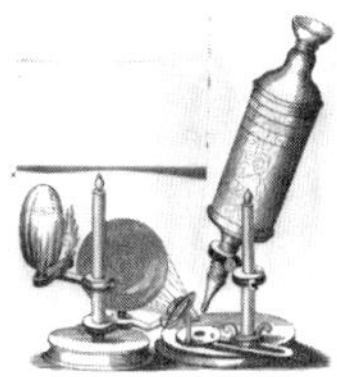

Schon in der Zeit um Christi Geburt war die vergrößernde Wirkung geschliffener Kristalle und wassergefüllter Glaskugeln bekannt, aber erst um 1590 erfanden die niederländischen Brillenmacher Johannes und Zacharias Janszen das Mikroskop mit mehreren Linsen. Mit den anfänglich nur zweilinsigen Mikroskopen gelangen bald bedeutende Entdeckungen in Medizin und Biologie. Die Einführung des Mikroskops mit mehreren Linsensystemen und verbesserter Bildqualität durch Robert Hooke 1664 erlaubte die Identifizierung von Mikroorganismen. 1673 begründete Antoni von Leeuwenhoek mit der mikroskopischen Entdeckung der roten Blutkörperchen das Forschungsgebiet der mikroskopischen Biologie. Außerhalb von Medizin und Biologie wurden mikroskopische Untersuchungen unter anderem in der Metallurgie und Materialforschung bedeutsam. Das herkömmliche Lichtmikroskop mit bis zu zweitausendfacher Vergrößerung fand die Grenze seiner Leistungsfähigkeit bei der Untersuchung von Objekten, deren Ausdehnung unterhalb der Wellenlänge des sichtbaren Lichts lag. Diese können durch kurzwellige Strahlen, etwa Elektronenstrahlen, sichtbar gemacht werden. Das Elektronenmikroskop von Ernst Ruska und Bodo von Borries, 1932 patentiert, übertraf die Vergrößerung des Lichtmikroskops um das Tausendfache. Hier wurde der Lichtstrahl durch einen Elektronenstrahl und die optischen Linsen durch magnetische bzw. elektrische ersetzt. Das in den 1930er Jahren entwickelte Raster-Elektronenmikroskop tastet das Beobachtungsobjekt mit der Spitze eines Elektronenstrahls reihenweise ab, wobei eine etwa vierzigtausendfache Vergrößerung bei hoher Tiefenschärfe erreicht wird. Das Auflösungsvermögen des Raster-Tunnel-Elektronenmikroskops reicht bis in den atomaren Bereich.

Literatur: Savile Bradbury, *The Evolution of the Microscope* (1967). – Hubert de Martin, *Vier Jahrhunderte Mikroskop* (1983). – Wolfgang Gloede, *Vom Lesestein zum Elektronenmikroskop* (1986). – Emil-Heinz Schmitz, *Handbuch zur Geschichte der Optik, Bd. 2 A/B, Das Mikroskop* (1989/90). – Lin Quing, *Zur Frühgeschichte des Elektronenmikroskops* (1995).

Fernrohr

Die vergrößernde Wirkung linsenförmig zugeschliffener Glas- und Kristallstücke war bereits um Christi Geburt bekannt. Die Erfindung des Fernrohrs erfolgte aber erheblich später und geht auf das Jahr 1608 und den niederländischen Uhrmacher Johannes Lippershey zurück. Dieser kombinierte zwei unterschiedliche Linsen, eine konvexe und eine konkave, in einer Röhre. Die Linse mit der längeren Brennweite war dem Objekt, die mit der kürzeren Brennweite dem Betrachter zugewandt. Bei geeignetem Abstand zueinander entwarf diese Linsenkombination ein umgekehrtes, vergrößertes Bild des beobachteten Objektes. Hatte Lippershey eher an eine militärische Nutzung gedacht, so kamen leistungsfähige Fernrohre jedoch vor allem in der Astronomie zum Einsatz. 1609/10 spielte dabei Galileo Galilei ein wichtige Rolle. 1611 stellte der Astronom Johannes Kepler eine vollständige optische Theorie dieses neuen Instruments auf. Experimente mit Linsenkombinationen verbesserten die Abbildungsqua-

Das große Fernrohr auf der Sternwarte in Bothkamp bei Kiel, Holzstich, 1871

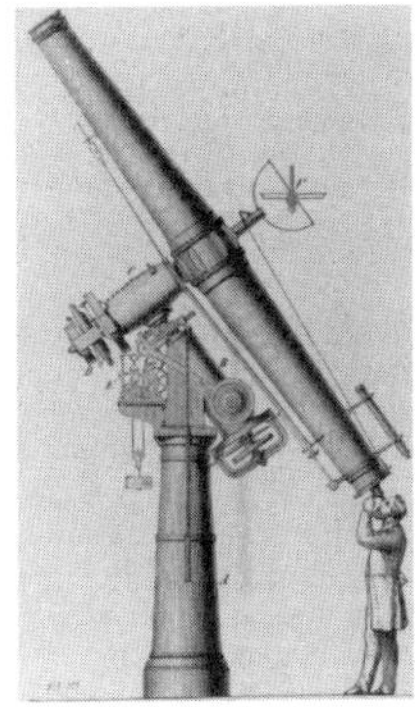

lität; die 1640 erfolgte Einführung von Schraubenmikrometern und Fadenkreuzen machten das Fernrohr zum Meßinstrument. Die falsche Annahme, daß die Farbabweichung der Linse nicht zu beheben sei, veranlaßte den englischen Physiker Isaac Newton um 1670 zur Entwicklung eines Spiegelfernrohrs. Dabei lieferte ein parabolischer Hohlspiegel aus Bronze farbreine Abbildungen. Der deutschstämmige Astronom Friedrich Wilhelm Herschel nahm ab 1774 verschiedene Verbesserungen vor; Neuerungen in der Gußtechnik und bei den Schleifprozessen führten zu größeren Objektivspiegeln. Zwischen 1806 und 1814 entwickelte der deutsche Physiker Joseph Fraunhofer eine Methode zur Erschmelzung großer Mengen optisch reinen Glases. Dies und genaue optische Prüfmethoden sorgten ab 1875 für sichtbare Fortschritte bei den Spiegelteleskopen. Wegen ihrer Vorzüge gegenüber den Linsenfernrohren – farbreine Abbildung, große Bildhelligkeit, fast beliebig steigerbarer Spiegeldurchmesser – traten sie ab etwa 1900 immer stärker in den Vordergrund. 1908 wurde auf dem Mount-Wilson-Observatorium in den USA ein Teleskop mit 1,5 m Spiegeldurchmesser aufgestellt. Heute stellt das ESO-Observatorium in den chilenischen Anden die leistungsstärkste Anlage dar.

Literatur: Rolf Döderlein, *Zur Geschichte des Fernrohres* (1981). – Rolf Riekher, *Fernrohre und ihre Meister* (1990). – Richard Learner, *Teleskop. Die Geschichte der Astronomie und die Entwicklung des Teleskops seit Galilei* (1991). – Richard Panek, *Das Auge Gottes. Das Teleskop und die lange Entdeckung der Unendlichkeit* (2004).

Thermometer

Bereits in der Antike war das Wärmeausdehnungsvermögen von Luft bekannt; im 1. Jh. n. Chr. benutzte der Mathematiker Heron von Alexandria warme Luft zum Betreiben eines kleinen Springbrunnens. Erst rund 1700 Jahre später verfielen zwei italienische Gelehrte nach dem Studium von Herons Pneumatika darauf, dieses Prinzip auch zur Temperaturanzeige zu nutzen. 1592 baute Galileo Galilei ein Thermoskop, bei dem die sich ausdehnende Luft aus einem Glas gefärbtes

Metallthermometer mit vier Stäben aus Blei, deren Längenveränderung in Abhängigkeit von der Temperatur auf eine Skala übertragen wird, 1748

Wasser in eine senkrechte Glasröhre trieb. 1611 entwickelte der Arzt Santorio ein ähnliches Gerät, bei dem die Höhe der Wassersäule mit der steigenden Lufttemperatur korrespondierte. 1626 nahm er mit dieser Apparatur erstmals Fiebermessungen vor. 1714 stellt der Danziger Gelehrte Daniel Gabriel Fahrenheit ein Quecksilberthermometer vor, dessen Temperaturskala die Schmelztemperatur von Eis bei 32°F und die Siedetemperatur mit 212°F festlegte. 1730 baute der französische Physiker René-Antoine Ferchault de Réaumur ein Weingeistthermometer, dessen Gradeinteilung sich an den verschiedenen Aggregatzuständen von Wasser orientierte: 0°R(éaumur) entsprach der Temperatur gefrierenden und 80°R der kochenden Wassers. 1742 schließlich führte der schwedische Astronom Anders Celsius die Celsiusskala ein. Zur Messung besonders hoher Temperaturen konstruierte der niederländische Physiker Pieter van Musschenbroek 1750 den ersten Pyrometer, wobei er sich der Ausdehnung von Metallstäben bediente. Seit dem frühen 19. Jahrhundert wurden Meßinstrumente entwickelt, die auf der Wärmestrahlung erhitzter Körper beruhen. 1821 schlug Thomas Johann Seebeck die Nutzung des thermoelektrischen Effekts für Temperaturmessungen vor. Die Empfindlichkeit eines solchen Thermometers machte es besonders als Fernthermometer für hohe Temperaturen geeignet, etwa in der Heißdampftechnik oder in Gießereien. Letztere wandten auch optische Thermometer an, bei denen die Schmelze mit der Helligkeit einer Glühlampe verglichen und der Stromverbrauch der Lampe als Indikator für die Temperatur des flüssigen Metalls benutzt wird. Die Entdeckung der Widerstandsänderung elektrischer Leiter bei Erwärmung oder Abkühlung bildete nach 1850 die Voraussetzung für die Entwicklung des Widerstandsthermometers. Heute werden auch die von der Temperatur abhängigen Leitungseigenschaften von Halbleitermaterialien für Temperaturmessungen genutzt.

Literatur: W. E. Knowles Middleton, *A History of the Thermometer and its Use in Meteorology* (1966). – Volker Hess, *Der wohltemperierte Mensch. Wissenschaft und Alltag des Fiebermessens* (1850–1900) (2000). – Klaus Irrgang, *Zur Thermometrie und ihrer Geschichte* (2004).

Ventilator

«Elektrische Ventilatoren». Zeitschriftenwerbung der Allgemeinen Elektricitäts-Gesellschaft Berlin, 1907

Palmwedel, Blätter oder Fächer waren als Ventilationsmittel schon in den frühen Hochkulturen bekannt. Die Belüftung unterirdischer Bauten wie Bergwerke oder Tunnel für Aquädukte erfolgte zumeist durch natürliche Zugwirkung, manchmal auch durch senkrechte Luftschächte, die zur Verstärkung des Zugs schornsteinähnliche Aufsätze erhielten. Auch war die Anwendung bewegter Luft zur Getreidereinigung bereits in den frühen Hochkulturen gebräuchlich. Hier ließ man Getreide durch Siebe laufen, wobei der Wind die leichten Teile, etwa den Staub, forttrug. Im Laufe des 16. Jahrhunderts wurde diese Technik mechanisiert. Um 1550 wurden in Getreidemühlen erstmals sogenannte Windkästen eingesetzt. Hier erzeugte ein mechanisch bewegtes Schaufelrad einen Luftstrom, der durch das aus dem Mahlgang fallende Mahlgut wehte und die unerwünschten leichteren Teile fortblies. Auf den Bauernhöfen des 17. Jahrhunderts wurde diese «Windfege» zur Kornreinigung eingesetzt. Das von einer Handkurbel angetriebene Schaufelrad erzeugte einen Luftstrom, der durch ein mechanisch bewegtes Siebsystem gelenkt wurde. Der Schaufelradventilator wurde 1711 erstmals zur künstlichen Belüftung von Bergwerken verwandt. 1743 erfand der Engländer Stephen Hales den Flügel- bzw. Propellerventilator, der eine Effizienzverbesserung bewirkte. In der 2. Hälfte des 19. Jahrhunderts wurden in den USA leistungsstarke Schaufelradventilatoren (Exhaustoren) zur Erzeugung von Saugluft entwickelt, deren Luftstrom Getreide und Mehl durch Rohrsysteme in Silos transportierte. Im Laufe des Industrialisierungsprozesses wurden immer leistungsfähigere Ventilatoren zur Belüftung und Kühlung notwendig. Das Exhaustorprinzip bildete die Grundlage für die Erfindung des Staubsaugers durch den Engländer Hubert Cecil Booth 1901.

Seit dem frühen 20. Jahrhundert stand mit dem Elektromotor der ideale Antrieb für den Flügelventilator zur Verfügung, der vor allem zur Kühlung von Räumen eingesetzt wurde. Beim Automobil diente er zur Kühlung des Motors bzw. zur Temperierung des Kühlwassers. Kleinstventilatoren kommen heute unter anderem bei der Kühlung von Prozessoren in Computern zum Einsatz.

Literatur: Gail Cooper, *Air-Conditioning America. Engineers and the Controlled Environment, 1900–1960* (1999).

Lochkarte

Lochkarten ermöglichen eine programmierte Maschinensteuerung sowie die schnelle Aufbereitung und Verarbeitung großer Datenmengen. Besonders für Musikautomaten spielten Stiftwalzen eine wichtige Rolle. Die früheste Speicherung einer musikalischen Tonfolge gelang den Brüdern Muhammad, Ahamad und Hassan Múrsa aus Bagdad, die zwischen den Jahren 813 und 833 eine entsprechende Walze zur Steuerung einer mechanischen Flöte verwendeten. Im Mittelalter fand die Stiftwalze in Europa als Melodienspeicher Eingang in mechanische Glockenspiele und Orgeln. 1738 konstruierte der französische Mechaniker Jacques de Vaucanson einen Musikautomaten, den «selbstspielenden Flötenspieler», und zwischen 1745 und 1748 einen automatischen Webstuhl, der aber wegen mechanischer Probleme nicht zum Einsatz kam. Statt einer Stiftwalze wurden hier erstmals gelochte Pappkarten benutzt. Dem französischen Hutmacher und Seidenweber Joseph Marie Jacquard gelang zwischen 1802 und 1805 die Programmierung einer funktionsfähigen Webmaschine. Eine Kette von Pappkarten wurde dem herzustellenden Muster entsprechend gelocht und von Nadeln abgetastet. Die Fadenführung wechselte je nachdem, ob die Nadeln in ein Loch fielen oder nicht. So ließen sich auch detailreiche Muster schnell und fehlerfrei weben. Zudem eignete sich die Lochkarte hervorragend zur Verarbeitung von Zahlen und Daten. Bei seiner programmgesteuerten «Analytical Engine», einer Rechenmaschine, benutzte der englische Erfinder Charles Babbage 1833 Lochkarten. Zwar war seinen Bemühungen kein unmittelbarer Erfolg beschieden, wohl aber dem amerikanischen Erfinder Hermann Hollerith mit seiner Lochkarten-Rechenmaschine. Diese automatische Zähl- und Sortiermaschine wurde erstmals 1890 bei der amerikanischen Volkszählung mit großem Erfolg eingesetzt. Mußten vorher bei den Zählkarten bestimmte Felder angekreuzt werden, so traten mit den Lochkarten gestanzte Löcher an die Stelle der Kreuze. Beim Auftreffen auf solche Löcher wurden elektrische Kontakte geschlossen. Frühe elektronische Datenverarbeitungsanlagen waren zunächst mit Lochkartengeräten kombiniert.

Literatur: W. J. Eckert, *Punched Card Method in Scientific Computation* (1940). – Rolf Oberliesen, *Informationen, Daten und Signale* (1982). – Rudolf Lindner, Bertram Wohak, Holger Zeltwanger, *Planen, Entscheiden, Herrschen. Vom Rechnen zur elektronischen Datenverarbeitung* (1984). – Tilman Driessen, *Von Hollerith zu IBM* (1987).

Automat

Automaten – von griechisch *autómatos*, sich selbst bewegend – üben seit altersher eine große Faszination aus. Frühe Automaten erregten jedoch außer Staunen auch Heiterkeit. Der erfinderische Heron von Alexandria entwickelte im 1. Jahrhundert den Weihwasserautomaten, der nach Einwurf einer Münze eine bestimmte Menge Weihwasser spendete. Bei seinem pneumatischen Kapellentüröffner öffneten sich die Türen eines Tempels wie von selbst, wenn ein Opferfeuer entzündet wurde. Vor allem aber das 18. Jahrhundert ließ sich von Automaten begeistern. Bei Hofe dienten Automaten in Gestalt zwitschernder Vögel, musizierender menschlicher Figuren oder tanzender Bären zur Unterhaltung. 1738 konstruierte Jacques de Vaucanson seinen ersten «Androiden» – einen Flötenspieler – als Maschine in Menschengestalt. Der mit Blasebälgen erzeugte Luftstrom gelangte über Mund und Zunge an das Mundstück des Instruments. Hier wurde ein Ton gebildet, den die beweglichen Finger des Spielers, über eine Stiftwalze gesteuert, vorgegeben hatten. Vor allem Vaucansons künstliche Ente, die aus über 1000 Einzelteilen bestand, erregte Aufsehen. Sie stand auf einem Podest, schnatterte, schlug mit den Flügeln, nahm «Nahrung» zu sich und konnte diese sogar wieder ausscheiden. Der künstliche Schachautomat, den der Hofbeamte Wolfgang von Kempelen 1768 vorführte, war freilich menschlich allzu menschlich: In ihm hielt sich ein kleinwüchsiger Schachspieler verborgen. Erfinder wie Vaucanson wußten Angenehmes mit Nützlichem zu verbinden. Neben Musikautomaten konstruierte er auch einen automatischen Webstuhl, den Joseph Marie Jacquard ab 1802 weiterentwickelte. Automatische Maschinen fanden im 19. Jahrhundert Eingang in die Textilindustrie. Im

Werkzeugmaschinenbau kamen ab Ende des 19. Jahrhunderts Drehautomaten mit selbsttätiger Werkstoffzufuhr in Gebrauch. Im Laufe des 20. Jahrhunderts setzte sich die Automatisierung immer stärker durch: Automatisierung der Produktion von Zylinderblöcken für Automotoren in den 1920er Jahren, bald darauf vollständig automatisierte Fertigungsstraßen und -abteilungen, daneben Spiel-, Fahrkarten- und Geldautomaten. Konnte die Automatisierung noch vor dreißig Jahren nur bei Massenproduktion und großen Serien eingesetzt werden, so ist sie dank numerischer Steuerung und verbesserter Computer heute auch bei kleineren Serien möglich.

Literatur: Helmut Swoboda, *Der künstliche Mensch* (1967). – Herbert Heckmann, *Die andere Schöpfung. Geschichte der frühen Automaten in Wirklichkeit und Dichtung* (1982). – Julien Offray de LaMettrie, *Der Mensch eine Maschine* (2001).

Blitzableiter

Der Regenschirm als Blitzableiter. Berthe Vulliemin, Holzschnitt, 19. Jh.

Noch bis zur Mitte des 18. Jahrhunderts waren die Menschen den Gefahren des Blitzschlags hilflos ausgeliefert. 1708 erkannte der Brite William Wall einen Zusammenhang zwischen Gewitterblitzen und dem elektrischen Funken, die ein elektrostatisch aufgeladener Bernstein erzeugte. Nach zahlreichen Experimenten gelang es 1752 dem Amerikaner Benjamin Franklin, bei aufkommendem Gewitter mittels einer Eisenstange einen bis zu 4 cm langen Funken zu ziehen. Damit hatte er den Nachweis für die elektrische Natur des Gewitters erbracht und gleichzeitig die Möglichkeit eines wirksamen Blitzschutzes aufgezeigt. Wenig später montierte er den ersten Blitzableiter auf einem Haus in Philadelphia. In Europa stieß die Einführung des Blitzableiters zunächst auf Skepsis, war hier doch die Meinung verbreitet, Metallstangen könnten Blitze regelrecht anziehen. Andererseits bestand an dieser Erfindung großes Interesse. Nicht zuletzt das Militär versprach sich hiervon den Schutz der besonders stark gefährdeten Pulvermagazine. Vor allem die zahlreichen aus Stahl ausgeführten technischen Bauwerke des 19. und 20. Jahrhunderts erforderten wirksame Blitzableiter. Untersuchungen einer Kommission des Elektrotechnischen Vereins Berlin 1886 stellten den Blitzschutz auf wissenschaftliche Grundlagen. Die hierauf beruhenden «Leitsätze über den Schutz der Gebäude gegen den Blitz», 1908 vom Verband Deutscher Elektrotechniker veröffentlicht, legten die seitdem allgemein anerkannten Regeln für den Bau von Blitzschutzanlagen fest. Ein bevorzugtes Forschungsfeld des Blitzschutzes sind heute Windkraftanlagen, deren große, dauernd in Bewegung befindliche Rotoren nicht befriedigend gegen Blitzschlag geschützt werden können.

Literatur: Peter Hasse, *Der Weg zum modernen Blitzschutz* (2004). – Peter Heering, Oliver Hochadel (Hg.), *Playing with Fire. A Cultural History of the Lightning Rod* (2005).

Klebstoff

Schon in der Jüngeren Steinzeit (7000 v. Chr.) benutzten Jäger ein Harz-Bienenwachs-Gemisch, um Pfeilspitzen an ihren Schäften zu befestigen. In den frühen Hochkulturen der Sumerer (ab 3000 v. Chr.) wurde aus Tierhäuten Glutinleim ausgekocht. Auch in Ägypten war bereits um 3500 v. Chr. die Leimherstellung aus Häuten und Knochen bekannt. Die Römer übernahmen die Kenntnis des Leimkochens von den Griechen. Sie stellten zudem den Naturleim her, den sie aus Fischinnereien kochten. Die Verfahren der Leimherstellung wurden danach vor allem in China, Japan und der Mongolei zur Papier- und Schmuckherstellung weiterentwickelt. Der Buchdruck beschleunigte die Anwendung von Leim in der Buchbinderei; mit dem Bau von Knochen- und Leimmühlen wurde die Leimherstellung mechanisiert. 1690 entstand in den Niederlanden die erste große Leimfabrik. Die Entdeckung eines geeigneten Lösungsmittels für Kautschuk durch Pierre Joseph Macquer und L. A. M. Hérissaut (1763) führte zur Erfindung von Gummiklebern, die bald große Verbreitung fanden. Zu Beginn des 19. Jahrhunderts entwickelte die chemische Forschung neue Leime und Leimgrundstoffe. 1846 kam der erste Zellulosekleber auf den Markt. Die neuen, gut haftenden Leime förderten den Gebrauch neuer Baustoffe, etwa Sperrholzfurnierplatten, auf die der Amerikaner J. K. Mayo 1865 ein Patent erhielt. Vor allem in den Anfangsjahren des Flugzeugbaus fanden Kunstleime zur Verbindung hochfester Sperr- und Schichthölzer für Tragflächengerippe und Propeller Verwendung. 1932 brachte der Schwarzwälder Fabrikant August Fischer den ersten

Allzweck-Kunstharzkleber (UHU) auf den Markt. Die erste Holzfaserverbundplatte kam 1953 heraus und in den 1960er Jahren entwickelten amerikanische Labors den bei Luftfeuchtigkeit rasch aushärtenden Sekundenkleber. Heute wird intensiv nach hochfesten «maßgeschneiderten» Klebstoffen für Metallverbindungen, insbesondere für den Flugzeug- und Automobilbau, geforscht. Problematisch bleiben die gesundheitsschädlichen Wirkungen vieler synthetischer Klebstoffe und ihrer Lösemittel.

Literatur: Emil Rupp, *Die Klebstoffe für Buchbinderei und Papierbearbeitung* (1951). – Hans-Joachim Braun (Hg.), *Schrauben, Fügen, Kleben. Zur Entwicklung der Befestigungstechnik* (2004).

Spinnmaschine

«Spinning Jenny». Erste Baumwollspinnmaschine, erfunden von James Hargreaves 1764, Holzstich 1887

Obwohl von technischer Seite Werkzeugmaschinen für den Industrialisierungsprozeß wohl die entscheidende Rolle spielten, war die Bedeutung von Textilmaschinen (Spinn- und Webmaschinen), in Kombination mit Dampfmaschinen, kaum geringer. Neben Nahrung und Behausung gehörte die Kleidung schon immer zu den Grundbedürfnissen des Menschen. Archäologischen Funden steinzeitlicher Spinngeräte und Werkzeugen zufolge lernte der Mensch schon früh, Tierhaut oder Pflanzenfasern zu verdrillen und aus dem so gewonnenen Garn Stoffe zu weben. Zum Spinnen diente der Rocken, eine längere Spule, an deren oberem Ende ein aufsteckbarer Haken, die Wirtel, saß. Unten trug der Rocken ein scheibenförmiges Schwunggewicht aus gebranntem Ton oder einem durchbohrten Stein. Beim Spinnen verdrillte die in Rotation versetzte Wirtel die Fasern zu einem Garn. Diese Art des Spinnens war noch im hohen Mittelalter gebräuchlich. Für das Jahr 1268 ist aus Paris ein Handspinnrad überliefert, bei dem die waagerecht gelagerte Spindel durch Riemenantrieb und Kurbel in rasche Drehung versetzt wurde. Um 1520 erhielt das Spinnrad – vermutlich in England – den Tretantrieb, der sich rasch durchsetzte. Der ansteigende Bedarf an Textilien verlangte nach einer verstärkten Mechanisierung des Spinnvorgangs. 1764 stellte der Engländer James Hargreaves seine «Spinning Jenny» vor, die er für Handbetrieb und zunächst acht Spindeln vorgesehen hatte. Um 1790 waren allein in Schottland bereits um 200 000 «Jennys» in Betrieb. «Maschinenstürmer», Handspinner, die um ihre Arbeitsplätze fürchteten, zerstörten wiederholt die Hargreavesschen Spinnmaschinen. Der Produktivität handgetriebener Spinnmaschinen waren jedoch enge Grenzen gesetzt, und die Nachfrage nach Garn überstieg das Angebot. 1769 erhielt Richard Arkwright, ursprünglich Friseur und Perückenmacher, ein Patent auf eine Baumwollspinnmaschine, die zwar mit Wasser betrieben wurde, sich aber auch für den Dampfantrieb eignete. Zehn Jahre später, 1779, brachte der Weber Samuel Crompton seine «Mule» («Maulesel»)-Spinnmaschine auf den Markt, eine Kreuzung der Maschinen von Hargreaves und Arkwright. Sie stellte Baumwollgarn von großer Feinheit und Gleichmäßigkeit her. Mit diesen Maschinen, die – zusammen mit Webmaschinen – von Dampfmaschinen angetrieben wurden, erweiterte sich die Textilproduktion in Großbritannien; Waren wurden nun in großem Umfang auch auf den europäischen Kontinent exportiert. Im Zeitraum 1825 bis 1830 effektivierte der englische Maschinenbauer Richard Roberts mit seinem «Selfaktor» die Spinnmaschinen Arkwrights and Cromptons dahingehend, daß sie auch von ungelerntem Personal bedienbar waren. Zur gleichen Zeit begann in den USA die Entwicklung von «Ringspinnmaschinen», welche die Automatisierung der Garnherstellung einleiteten.

Literatur: Horst Blumberg, *Die deutsche Textilindustrie in der industriellen Revolution* (1965). – Walter English, *The Textile Industry. An Account of the Early Inventions of Spinning, Weaving and Knitting Machines* (1969). – Günter Kirchhain, *Das Wachstum der deutschen Baumwollindustrie im 19. Jahrhundert* (1980). – Almut Bohnsack, *Spinnen und Weben. Entwicklung von Technik und Arbeit im Textilgewerbe* (1981). – David T. Jenkins, Kenneth G. Ponting (Hg.), *The British Wool Textile Industry. 1770–1914* (1982).

Drehbank

Erste Drehvorrichtungen sind wahrscheinlich um 1500 v. Chr. entstanden; ein drehbar gelagertes Werkstück wurde gegenüber dem ruhenden Werkzeug bewegt. Ein Handwerker versetzte das Werkstück über einen Schnurantrieb in Rotation, ein anderer drückte das Werkzeug – Stichel, Meißel oder Schleifstein – gegen das Werkstück. Die früheste Abbildung einer Drehbank findet sich auf einem ägypti-

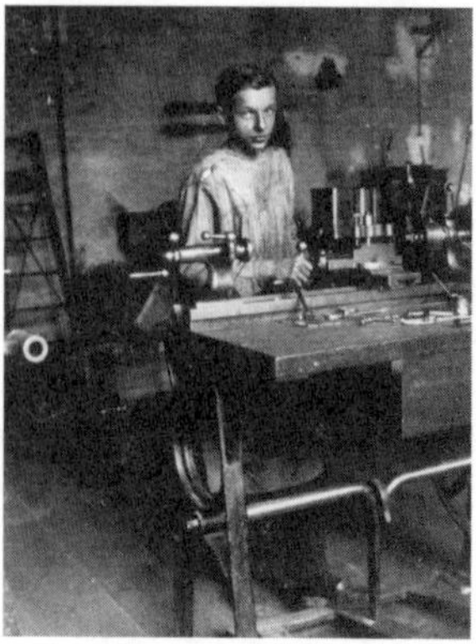

Lehrling an einer Drehbank in einer Metallwerkstatt, um 1910

schen Relief um 300 v. Chr. Um eine Drehbank allein bedienen zu können, wurde das Ende einer Schnur um das Werkstück gelegt und an einem federnden Schwippgalgen befestigt. Das andere Ende wurde mit einem vom Dreher mit den Füßen zu betätigenden Wippbrett verbunden. Dieser Antrieb setzte sich im ersten Jahrhundert n. Chr. durch. Für den Industrialisierungsprozeß, insbesondere die Dampfmaschinenproduktion, besaß die verbesserte Drehbank eine herausragende Bedeutung. 1794 stellte der Engländer Henry Maudslay die Urform der modernen Drehbank vor. Der Support, eine verstellbare Haltevorrichtung für das Werkzeug, war schon vorher bekannt gewesen. Maudslay konstruierte nun aber den Kreuzsupport, der mit zwei Spindeln in Längs- und Querrichtung verstellt wurde. Beim Übergang von der Drehbank zur Drehmaschine in der zweiten Hälfte des 19. Jahrhunderts verlagerte sich die Entwicklung in die USA, wo sie als Drehautomat für die Massenproduktion unverzichtbar wurde. 1845 baute der Amerikaner Stephen Fitch eine Revolverdrehbank, bei der ein drehbarer Halter den raschen Werkzeugwechsel ermöglichte. In den 1870er Jahren entwickelte Drehautomaten führten den Drehvorgang von der Materialzuführung bis zum Auswerfen des fertigen Werkstücks selbständig durch. Das 20. Jahrhundert war auch in der Drehtechnik von einer zunehmenden Automatisierung gekennzeichnet. Wurden zunächst noch Arbeitsprogramme für die Drehautomaten mit Hilfe von Lochkarten, Lochbändern oder Magnetbändern eingegeben, so herrscht seit den 1970er Jahren die Computersteuerung vor.

Literatur: Karl Wittmann, *Die Entwicklung der Drehbank* (2. Aufl. 1960). – Günter Spur, *Produktionstechnik im Wandel* (1979). – Karl Heinz Mommertz, *Vom Bohren, Drehen und Fräsen* (1981). – Karl Allwang, *Werkzeugmaschinen. Bohren, Drehen, Fräsen* (1989).

Dampfmaschine von James Watt, 1788, Holzstich, 19. Jh., spätere Kolorierung

Die Dampfmaschine wird häufig als Symbol der Industriellen Revolution angesehen. Dieses Urteil trifft allerdings nur teilweise zu, da die Industrielle Revolution ohne die Arbeitsmaschinen, etwa Werkzeug- oder Textilmaschinen, die durch Dampfkraft angetrieben wurden, nicht vorstellbar ist. Doch beide, Dampfmaschinen und Arbeitsmaschinen, haben im Laufe des 19. Jahrhunderts sowohl die Produktionsprozesse, etwa in der Textilindustrie, als auch den Transport zu Lande und zu Wasser – Lokomotiven, Dampfschiffe – revolutioniert. Nach Versuchen von Denis Papin und Thomas Savery gegen Ende des 17. Jahrhunderts, die Dampfkraft zur Bewegung eines Kolbens zu nutzen, entwickelte der englischen Eisenhändler Thomas Newcomen eine Dampfmaschine zum Abpumpen von Wasser aus Bergwerksstollen. Obwohl verschiedentlich eingesetzt, war diese wegen ihres hohen Kohlenverbrauches unwirtschaftlich. Durch konstruktive Verbesserungen gelang es dem Engländer James Watt, einem gelernten Instrumentenmacher, im letzten Drittel des 18. Jahrhunderts den Wirkungsgrad der Newcomen-Maschine beträchtlich zu erhöhen und ihren Anwendungsbereich über den Bergbau hinaus auszuweiten. Um eine Abkühlung und damit Reduzierung des Wirkungsgrades zu verhindern, umgab er den Arbeitszylinder mit einem Dampfmantel; die Dampfkondensation erfolgte in einem vom Arbeitszylinder getrennten Kondensator. Die Parallelogrammsteuerung bewirkte eine zwangsläufige Verbindung von Kolbenstange und Balancier; ein Planetengetriebe wandelte die auf- und abgehende Bewegung des Balancierendes in eine Drehbewegung um. Watt ließ, im Gegensatz zu Newcomen, nicht den atmosphärischen Luftdruck, sondern den Dampfdruck die Arbeit leisten (direktwirkende bzw. doppeltwirkende Niederdruckdampfmaschine). Hierdurch reduzierte er den Kohlenverbrauch auf ein Viertel der Maschine Newcomens. Im Verlauf des 19. Jahrhunderts führten Erfindungen und Verbesserungen wie die Einführung des Hochdruckdampfes zur Konstruktion von Verbunddampfmaschinen, bei denen die Expansion des

Dampfes in mindestens einem weiteren Zylinder genutzt wurde; Heißdampf erlaubte die wirtschaftliche Nutzung der Dampfkraft auch in Lokomotiven und Dampfschiffen. In der zweiten Hälfte des 19. Jahrhunderts geriet die Dampfmaschine dann allerdings unter verstärkten Konkurrenzdruck durch Verbrennungsmotoren und Dampfturbinen und verlor als Kraftmaschine rasch an Bedeutung.

Literatur: Conrad Matschoss, *Die Entwicklung der Dampfmaschine. Eine Geschichte der ortsfesten Dampfmaschine und der Lokomobile,* (2 Bde., 1908, Neudr. 1983). – Henry W. Dickinson, *A Short History of the Steam Engine* (1963). – Otfried Wagenbreth, Helmut Düntzsch, Albert Gieseler, *Die Geschichte der Dampfmaschine* (2002).

Konservendose

Schon früh versuchten Menschen, Lebensmittel möglichst lange haltbar zu machen. Im Orient trocknete man bereits um 12 000 v. Chr. Nahrungsmittel in der Sonne. Auch die Römer trockneten Früchte, und im Mittelalter wurden besondere Trockenhäuser für Früchte, Gemüse oder Kräuter gebaut. 1805, während der Napoleonischen Kriege, setzte die französische Regierung einen Preis für eine geeignete Methode zum Konservieren von Lebensmitteln aus, was die Versorgung der Armee erleichtern sollte. Der französische Konditor François Nicolas Appert schlug vor, gekochte, keimfrei gemachte Lebensmittel in Flaschen zu füllen, die dann luftdicht abgeschlossen wurden. Doch waren Flaschen zu zerbrechlich, weshalb der Engländer Peter Durand sich 1810 sein Verfahren, Blechdosen zu verwenden, patentieren ließ. Englische Soldaten hatten allerdings während der Napoleonischen Kriege ihre Mühe, diese Metallbehälter ohne Anwendung roher Gewalt zu öffnen; auch waren die Dosen schwerer als ihr verzehrbarer Inhalt. Trotz dieser Nachteile erfreuten sich Konservendosen einer gewissen Beliebtheit. Anfang der 1820er Jahre gründete der Engländer William Underwood in den USA die erste Dosenfabrik. 1858 ließ sich der Amerikaner Ezra J. Warner den ersten Dosenöffner patentieren, der aber noch schwer zu handhaben war. Eine Verbesserung erzielte 1870 Henry Lyman, der den Öffner mit einem Rädchen ausstattete und damit das Aufschneiden des Dosenrands erleichterte. Ab 1925 wurde der Öffner am Rand der Dose eingeklemmt und die Dose über ein gezacktes Rad kreisrund geöffnet. Eine elektrische Version kam 1931 auf den Markt. 1938 bot die Krüger Brauerei in Richmond, Virginia, das erste Dosenbier an. Da leichtes Aluminium gegenüber dem Weißblech Vorteile hatte, stellte die amerikanische Firma Kaiser ab 1958 Aluminiumdosen her. 1959 entwickelte der amerikanische Maschinenfabrikant Ermal Freeze die «Pop-Top-Dose», eine Dose mit Aufreißlasche, auf die er 1963 ein Patent erhielt. Aluminiumdosen sind bis heute beliebt, obwohl sie, wenn nicht recycelt, die Umwelt erheblich belasten.

Literatur: Astrid Bergmeister, *Mindestens haltbar bis ...* (1998). – Lindsay R. Mack, *Food Preservation in the Roman Empire* (2001). – Sue Shephard, *Pickled, Potted and Canned* (2001).

Gummi

Archäologische Funde zeigen, daß mittelamerikanische Ureinwohner bereits um 1600 v. Chr. den aus den Heveabäumen gewonnenen Latexsaft zur Gummibereitung nutzten. Um 500 v. Chr. wurde in Ägypten das aus der Akazie gewonnene *Komi*, später als *Gummi arabicum* bekannt, verwendet. Es diente zum Kleben, aber auch zum Einbalsamieren von Mumien. 1763 entdeckten Pierre Joseph Macquer und L. A. M. Hérissaut die Löslichkeit von Kautschuk in Äther und Terpentin und seine erneute Formgewinnung nach Verdunstung der Lösemittel. 1765 stellte Macquer erstmals Gummistiefel und Gummischläuche her. Um 1770 entdeckte der englische Chemiker Joseph Priestley, daß man mit Gummi Bleistiftstriche entfernen kann. Anfang des 19. Jahrhunderts standen bereits erste Gummiregenmäntel zur Verfügung, die aber wegen ihrer Klebrigkeit und bald eintretenden Brüchigkeit wenig beliebt waren. Als Erfinder gummierter Textilien kann der Schotte Charles Macintosh gelten. Ab 1823 produzierte er brauchbare wasserdichte Stoffe, indem er auf die gummierte Leinwand eine zweite Stoffbahn aufklebte. 1839 gelang dem amerikanischen Chemiker Charles Goodyear mit der Heißvulkanisation eine für die Kautschukverwendung bahnbrechende Entdeckung: Mit Schwefel vermengter Kautschuk verwandelte sich bei einer bestimmten Temperatur in einen völlig neuen Stoff, das heutige Gummi. 1845 stellte Charles Macintosh den ersten Vollgummireifen für Pferdedroschken her, 1855 wurde das erste Gummikondom produziert. 1879 eröffnete Gustave Bouchardat mit der Polymerisation den Weg zur Herstellung synthetischen Kautschuks, die 1882 erstmals gelang. 1888 erfand der irische Tierarzt John B. Dunlop den Fahrrad-Luftreifen.

Der erste brauchbare Synthesekautschuk, Polyisopren, den der Chemiker Fritz Hofmann 1909 erfand, eröffnete den Weg zur Unabhängigkeit vom Naturkautschuk. Da Deutschland im Ersten Weltkrieg durch alliierte Blockademaßnahmen von der Einfuhr von Naturkautschuk abgeschnitten war, baute die Firma Bayer in Leverkusen 1915 die erste großtechnische Anlage zur Herstellung von Synthesekautschuk; ab Mitte der 1930er Jahre nutzte die nationalsozialistische Regierung das Verfahren in der Rüstungsproduktion. Trotz vieler Syntheseprodukte ist Naturkautschuk in vielen Anwendungsgebieten auch heute noch erste Wahl.

Literatur: Wolfgang Jünger, *Kautschuk. Vom Gummibaum zur Retorte* (1952). – Wilhelm Treue, *Gummi in Deutschland* (1955). – Ulrich Giersch, Ulrich Kubisch, *Gummi. Die elastische Faszination* (1995).

Eisenbahn

Lokomotive «Rocket» von George Stephenson, 1829

Spurbahnen, in deren Spurrinnen die Räder von Kultwagen liefen, gab es bereits im antiken Griechenland. Im deutschen Bergbau lassen sich für das 16. Jahrhundert hölzerne Spurbahnen nachweisen, auf denen «Hunde» – kleine zweiachsige Wagen – Kohle transportierten. 1767 ließ ein englischer Fabrikant, Richard Reynolds, an Stelle der hölzernen Fahrbahnen Schienen aus Gußeisen fertigen; 1789 führte der Engländer William Jessop die Grundform der heutigen Schiene ein. Zu dieser Zeit wurden auch Versuche unternommen, die Dampfmaschine für den Schienenverkehr zu nutzen. Die von Richard Trevithick 1804 konstruierte Schienenlokomotive konnte sich zwar nicht durchsetzen, doch gelang es 1825 einer englischen Eisenbahngesellschaft und dem Lokomotivkonstrukteur George Stephenson, die erste, 39 km lange, dampfbetriebene Eisenbahnstrecke von Stockton nach Darlington in Betrieb zu nehmen. War diese Strecke zunächst nur für den Güterverkehr vorgesehen, so begann mit der Eröffnung der Strecke Liverpool – Manchester am 15. September 1830 das Zeitalter des Personen-Eisenbahnverkehr. Bereits ein Jahr vorher, 1829, hatte Stephenson mit der «Rocket» eine Lokomotive vorgestellt, die alle wesentlichen Konstruktionsmerkmale der Dampflokomotive aufwies. Am 7. Dezember 1835 wurde die erste deutsche, 6 km lange Eisenbahnlinie von Nürnberg nach Fürth eröffnet. Eisenbahnen und Eisenbahnbau stellten im 19. Jahrhundert den wichtigsten Motor wirtschaftlichen Wachstums dar, erhöhten die Mobilität und verliehen den Reisenden ein neues Zeitgefühl. Ende des Jahrhunderts traten Elektrolokomotiven in Konkurrenz zur Dampflokomotive. Schnellfahrversuche bei der Preußischen Staatsbahn führten 1903 zu Geschwindigkeiten von über 210 km/h. Nachdem 1912 mit der Diesellokomotive eine weitere Traktionsart verfügbar war, lief 1914 der erste diesel-elektrische Triebwagen der Preußischen Staatsbahn. Hatte, trotz starker Konkurrenz, bis zur Mitte des 20. Jahrhunderts noch die Dampflokomotive im Verkehrswesen vorgeherrscht, so war die 2. Hälfte des 20. Jahrhunderts von einer zunehmenden Elektrifizierung und Automatisierung sowie der Konkurrenz durch Straßen- und Flugverkehr gekennzeichnet. In den 1960er Jahren setzte die systematische Entwicklung der Hochgeschwindigkeitstechnologie ein, die 1964 mit der Inbetriebnahme eines Teilstücks der Schnellbahnstrecke zwischen Tokio und Osaka begann. Kurz darauf wurde in Frankreich der TGV-Schnellverkehr zwischen Paris und Lyon aufgenommen; in Deutschland begann 1985 die Erprobung des «Intercity Experimental» (ICE), der im Mai 1988 eine Spitzengeschwindigkeit von 406 km/h erreichte. Nicht zuletzt die Umweltschutz- und Energiediskussion seit den 1970er Jahren verhalf der Transportart Eisenbahn zu neuem Interesse. Ein Schnellbahnnetz, das die größeren europäischen Städte verbindet, soll in den kommenden Jahrzehnten entstehen.

Literatur: Wolfgang Schivelbusch, *Geschichte der Eisenbahnreise* (1977). – Deutsche Bundesbahn (Hg.), *Zug der Zeit – Zeit der Züge. Deutsche Eisenbahnen 1835-1985* (2 Bde., 1985). – Lothar Gall, Manfred Pohl (Hg.), *Die Eisenbahn in Deutschland* (1999). – Thomas Hornung (Hg.), *Das große Buch der Lokomotiven* (2001).

Telegraphie

Schon früh bestand das Bedürfnis, Nachrichten möglichst schnell über weite Strecken zu übermitteln. Dazu bediente man sich der Lichtzeichen und bereits in der Antike des Feuersignals (vgl. Aischylos, Agamemnon, 8-10); die Indianer Nordamerikas verständigten sich durch Rauchzeichen. Auf diesem Wege konnten in Kriegszeiten

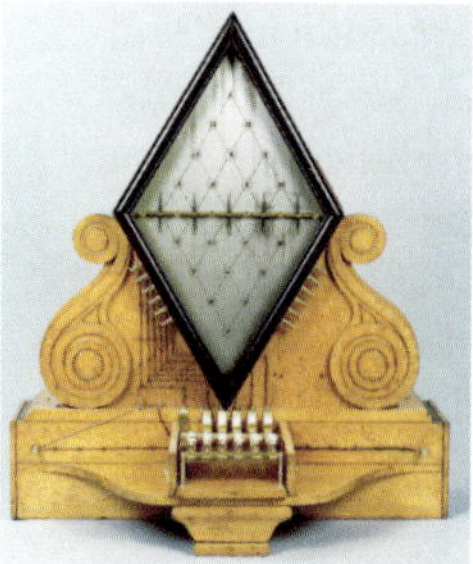

Fünfnadeltelegraph von William F. Cook und Charles Wheatstone, 1837

rasch Warnungen weitergegeben oder Hilfe herbeigerufen werden. Solche und ähnliche Praktiken bestanden fort, bis der englische Gelehrte Robert Hooke 1684 ein verbessertes optisches Telegraphensystem vorschlug. Einzelbuchstaben oder Nachrichten sollten durch verstellbare Flügel an einem Mast angezeigt und durch Fernrohre von der nächsten Station beobachtet werden. 1791 baute der Franzose Claude Chappe, der Idee Hookes folgend, in Frankreich ein optisches Telegraphensystem auf. Bei seinen Flügeltelegrafen waren verstellbare Flügel an einem Mast befestigt. Abhängigkeit von der Witterung und lange Übertragungsdauer verschafften diesem System aber nur einen mäßigen Erfolg. Für Abhilfe sorgte hier, wie in vielen anderen Fällen, die Elektrizität. 1820 entdeckte der Däne Christian Ørsted, daß eine Magnetnadel durch das Feld eines stromdurchflossenen Leiters abgelenkt wird. 1833 entwickelten die deutschen Naturwissenschaftler Carl Friedrich Gauß und Wilhelm Weber einen magnetischen Nadeltelegraphen zur Übertragung von Buchstabensignalen. Auf dieser Basis konstruierten die Engländer William F. Cook und Charles Wheatstone 1837 einen elektromagnetischen Vier- und Fünfnadeltelegraphen, der von der englischen Eisenbahn eingesetzt wurde. Doch erst dem Amerikaner Samuel Morse gelang 1837 mit seinem elektromechanischen Schreibtelegraphen in Kombination mit dem 1840 entwickelten Morsealphabet der Durchbruch. Auch hier spielte die Eisenbahn, für deren Betriebssicherheit ein schneller Informationsfluß notwendig war, eine wesentliche Rolle bei der Verbreitung. Mit der Verlegung des ersten Transatlantikkabels im Jahre 1866 gewann die Telegraphie als Begründerin des Informationszeitalters große Bedeutung. Die Erfindung der Funkentelegraphie durch den Italiener Guglielmo Marconi 1897 machte die Telegraphenstationen mobil, was vor allem der Seefahrt und den Militärs nutzte. In den frühen 20er Jahren entstand der Tastenschnelltelegraph, auch Fernschreiber genannt. Die Telegraphie spielte im Nachrichtenwesen noch bis etwa 1960 eine große Rolle, wurde dann aber durch Sprechfunk, Telephonie und Fernsehen verdrängt.

Literatur: Horst A. Wessel, *Die Entwicklung des elektrischen Nachrichtenwesens in Deutschland und die rheinische Industrie* (1983). – Hans-Jürgen Teuteberg, Cornelius Neutsch (Hg.), *Vom Flügeltelegraphen zum Internet* (1998). – Michael Friedewald, *Die «Tönenden Funken». Geschichte eines frühen drahtlosen Kommunikationssystems 1905–1914* (1999). – Ken Beauchamp, *A History of Telegraphy* (2001).

Kunstdünger

Über Jahrtausende war Stalldung das wichtigste Düngemittel. Im 18. Jahrhundert versuchten Landwirte und Chemiker, den Nahrungsbedarf der ansteigenden Bevölkerung zu decken und die landwirtschaftlichen Erträge durch intensive Untersuchung des Ackerbodens systematisch zu steigern. Die Technik der Mergelung, des Durchmischens sandiger Äcker mit Kalk- und Tonmergel, bildete ab etwa 1770 ein erstes Ergebnis dieser Untersuchungen. Von noch größerer Bedeutung waren die Forschungen des Chemikers Justus von Liebig, der 1840 die wachstumsfördernde Wirkung von Stickstoff, Phosphaten und Kalium für die Landwirtschaft nachwies. Zwar war Phosphat- und Kalidünger in Westeuropa reichlich vorhanden, Stickstoff fand sich aber vor allem im Guano – einer gelbbraunen, erdigen Masse, die aus zersetzten Exkrementen von Seevögeln stammt. Sie wurde von Indianervölkern an der Westküste Südamerikas abgebaut. Da sich die Guanovorräte dem Ende zuneigten und der Guanohandel in Spannungs- und Kriegszeiten unsicher war, versuchte man zu Beginn des 20. Jahrhunderts, Stickstoffdünger synthetisch zu erzeugen. Ammoniak, eine chemische Verbindung aus Wasserstoff und Stickstoff, war auch für die Herstellung von Sprengstoff wichtig. 1909 gelang dem deutschen Chemiker Fritz Haber die Ammoniaksynthese, die es ermöglichte, den Luftstickstoff in einem Hochdruckverfahren zu binden. Für die praktische Umsetzung waren die Entwicklungsarbeiten des Chemikers Carl Bosch bei der BASF entscheidend. Mit diesem Haber-Bosch-Verfahren konnte nun Kunstdünger in großen Mengen produziert werden. Vor allem aufgrund des Kunstdüngereinsatzes hatten sich 1933 die Ernteerträge gegenüber 1880 mehr als verdoppelt. Nach dem Zweiten Weltkrieg suchten Großunternehmen systematisch nach immer wirksameren synthetischen Düngemitteln, die gezielt für bestimmte Pflanzensorten eingesetzt werden konnten. Problematisch sind heute allerdings die starken Ermüdungserscheinungen der Böden als Folge des übermäßigen Einsatzes von Kunstdünger. Auch führte der Regenabtrag des Kunstdüngers in Fluß- und Stehgewässern zu Überdüngung, Sauerstoffmangel und Fischsterben.

Literatur: Robert H. Multhaup, Gunther P. Eschenbrenner, *Technology's Harvest. Feeding the Growing World Population (1996).* – Margit Szöllösi-Janze, *Fritz Haber 1868–1934. Eine Biographie (1998).*

Nähmaschine

Vermutlich die erste Nähmaschine, spätes 18. Jh./frühes 19. Jh.

Noch bis weit in das 19. Jahrhundert hinein waren Nadel und Faden die zum Vernähen von Stoffen und Leder gebräuchlichsten Werkzeuge. Versuche, das Nähen zu mechanisieren, gehen aber bis ins 18. Jahrhundert zurück. 1755 konstruierte der in England lebende Deutsche Charles F. Weisenthal ein entsprechendes Gerät, und 1790 erhielt der Engländer Thomas Saint ein Patent auf eine Kettenstichnähmaschine, die dann der Deutsche Balthasar Krems weiterentwickelte. 1829 konstruierte der Franzose Bartholomäus Thimmonier eine Nähmaschine mit Hakennadel, die von der Armee zum Nähen von Uniformen angekauft wurde. Im selben Jahr wurde Thimmoniers Werkstatt von Handwerkern, «Maschinenstürmern», die um ihre Arbeitsplätze bangten, zerstört. Die erste voll funktionsfähige Nähmaschine geht jedoch auf den Amerikaner Elias Howe zurück. Seine 1846 fertiggestellte Maschine arbeitete erstmals mit zwei Fäden, deren Unterfaden von einem hin- und herfahrenden Schiffchen um den Oberfaden geschlungen wurde. Die Maschine, deren Antrieb durch eine Handkurbel erfolgte, ersetzte sechs geübte Näherinnen. Auf der Basis der Howeschen Maschine ließ sich der amerikanische Ingenieur Isaac Merritt Singer 1851 eine Nähmaschine patentieren, die von Tretplatte und Kurbel angetrieben wurde. Somit wurden beide Hände für die Führung des Stoffes frei. Durch Serienproduktion konnte der Preis für diese Maschine erheblich gesenkt werden. Der Stofftransport wurde 1852 durch den Amerikaner Allen Benjamin Wilson mit der Erfindung des Stoffvorschubs verbessert. Nähmaschinen brachten dem Heimgewerbe einen Aufschwung und leisteten damit einen Beitrag zur

Emanzipation der Frau. Mit elektrischem Antrieb waren Maschinen ab 1889 im Gewerbe, ab 1921 in Haushalten in Gebrauch. Mitte der 1970er Jahre kamen computergesteuerte Haushaltsnähmaschinen auf, durch die vorgegebene Muster gestickt werden können.

Literatur: Joseph Kainz, *Nähmaschine. Entwicklungsgeschichte und Ratschläge* (1957). – Grace Rogers Cooper, *The Sewing Machine. Its Invention and Development* (2. Aufl. 1976). – Reinhard Bäckmann, *Nähen – Nadel – Nähmaschine* (1991). – Pia Dekorsy, Tanja Büter, *Stich für Stich. Zur Geschichte der Nähmaschine* (2000).

Schweißen

Bereits um 4000 v. Chr. war in Mesopotamien das Schmiedeeisen bekannt. Entsprechend dürfte sich hier bald die Technik des Feuerschweißens entwickelt haben: Zwei Schmiedestücke wurden in hellglühendem Zustand aufeinandergelegt und durch kräftige Hammerschläge miteinander verbunden. Wenn auch die Kenntnis dieser Technik durch die Römer nach Europa gelangte, so blieb das Detailwissen der Feuerschweißung doch ein sorgsam gehütetes Geheimnis. Bis weit in das 19. Jahrhundert hinein stellte das Feuerschweißen die einzige Technik dar, um Eisen- bzw. Stahlteile unauflöslich miteinander zu verbinden. Die Möglichkeit, die Hitze elektrischer Entladungen zum Schweißen zu nutzen, wurde erstmals 1766 von Johann Karl Wilcke entdeckt. 1849 erhielt der Engländer William Edward Staite das erste Patent auf das Schweißen mittels elektrischem Lichtbogen. Doch erst 1881 legte der Russe Nikolai N. Bernanos ein wirklich funktionsfähiges Verfahren vor, als er zwei Werkstücke mit Hilfe eines Lichtbogens miteinander verschweißte. Die Erfindung der ummantelten Schweißelektrode durch den Deutsch-Schweden Oscar Kjellberg 1908 verbesserte die Qualität der Schweißnähte erheblich. Die Technik des Autogen- oder Schutzgasschweißens wurde 1890 durch den französischen Metallurgen Edmond Fouché entwickelt und 1891 mit der Erfindung des Acytelenschweißbrenners durch Bernhard Dräger zur praktischen Anwendung gebracht. Es dauerte jedoch noch mehrere Jahrzehnte, bis die Schweißtechnik soweit fortgeschritten war, daß sie die üblichen Nietenkonstruktionen im Schiff- und Stahlbau verdrängen konnten. In der Massenfertigung setzte sich ab 1950 die Punktschweißung durch, bei welcher der Lichtbogen ohne Elektrode direkt zwischen den Werkstücken erzeugt wird und diese punktuell fixiert. Die Entdeckung des Laserstrahls 1960 führte schon ein Jahr später zur Entwicklung des Laserschweißverfahrens, das feinste Schweißnähte im Zehntelmillimeterbereich ermöglicht. 1993 wurden die ersten Schweißlaser im Automobilbau eingesetzt. Da sich diese Schweißtechnik besonders gut mit Hilfe der modernen Robotik einsetzen läßt, findet sie heute in der Automobilindustrie und im Schiffbau breite Anwendung.

Literatur: Günter Bernsdorf, *Auf heißen Spuren. Vom Schmieden, Löten, Schweißen* (1986). – Manfred Puschner, *Fünf Jahrtausende Schweißen. Eine Frühgeschichte der Schweißtechnik* (1986). – Hubert Comte, *Werkzeuge der Welt. Vom Faustkeil zum Laserstrahl* (1998) – Hans-Joachim Braun (Hg.), *Schrauben, Fügen, Kleben. Zur Entwicklung der Befestigungstechnik* (2004).

Stahl

Ausgießen der Schlacke aus dem Stahlkonverter, um 1925

Als Stahl bezeichnet man Eisen mit einem Kohlenstoffgehalt von weniger als 1,6%. Die erste Verwendung von Meteoreisen wird für die Zeit um 3900 v. Chr. in Mesopotamien angenommen. Um etwa 1200 v. Chr. konnte der Mensch den Kohlenstoffgehalt des Roheisens durch Ausschmieden bzw. Feuerschweißung verringern und auf diese Weise den wesentlich härteren Stahl erhalten. Als Urheber der Eisenkultur und Stahlerzeugung gelten die Chaldäer in Armenien und Südkaukasien. In den folgenden Jahrtausenden erlangte Eisen immer größere Bedeutung – nicht zuletzt in der Waffentechnik. Um 1300 kam der mit Holzkohle befeuerte Hochofen auf, in dem Eisen bis zum Schmelzpunkt erhitzt werden konnte. Das nachträgliche «Frischen», die Zufuhr von Sauerstoff, machte es möglich, das Eisen zu schmieden. Die Eisenverhüttung des Mittelalters war eng mit der Erzeugung von Holzkohle verknüpft und trug maßgeblich zum Verschwinden großer Waldflächen Europas bei. Die Abhängigkeit vom Holz endete 1709 mit dem Bau des ersten Steinkohlehochofens durch den Engländers Abraham Darby. 1764 erfand Benjamin Huntsman den Tiegelgußstahl, in dem niedrig gekohltes Roheisen in geschlossenen Tiegeln erhitzt wurde. 1784 ließ sich Henry Cort das Puddelverfahren patentieren, bei dem die Schmelze zum Entkohlen mit langen Stangen gerührt wurde. Obwohl ergiebiger als das Verfahren Huntsmans, waren auch die auf diese Weise erzeugten Stahlmengen gering und ihre Herstellung äußerst beschwerlich. Die im Industrialisierungsprozeß gestiegene Nachfrage nach Stahl erforderte einen wirtschaftlicheren Prozeß. 1856 ließ sich der Engländer Henry Bessemer das Verfahren patentieren, Sauerstoff von unten in einen mit Roheisen gefüllten Gußtiegel zu blasen, wodurch der Kohlenstoff im Schmelzgut fast vollständig verbrannte. Etwas später, 1864, gelang es dem Franzosen Pierre Martin und den Brüdern Friedrich und Wilhelm Siemens, sonst nutzlosen Stahlschrott in einem Flammofen wieder aufzubereiten. Das Bessemerverfahren, mit dem das Siemens-Martin-Verfahren konkurrierte, hatte allerdings den Nachteil, daß es sich nur auf phosphorarmes Eisen anwenden ließ. Mit dem 1878/9 erfundenen Thomasverfahren schafften die Engländer Sidney Gilchrist Thomas und Percy Carlyle Gilchrist Abhilfe. Sie kleideten den Bessemerkonverter mit kalkhaltigem Dolomit aus und banden so den Phosphor, der den Stahl brüchig machte. Die Phosphorschlacke konnte außerdem zu einem wertvollen Düngemittel verarbeitet werden. In dem von Wilhelm Siemens und Paul-Louis Toussaint Hérault zu Beginn des 20. Jahrhunderts entwickelten Elektrostahlofen war es möglich, Stahllegierungen für besonders hohe Beanspruchungen herzustellen. 1912 brachte Krupp den nichtrostenden, säure- und hitzebeständigen «Nirostastahl» auf den Markt. Heute werden für die Automobilindustrie crashsichere Stahllegierungen mit hohem Mangananteil entwickelt, die gut formbar und relativ leicht sind.

Literatur: Otto Johannsen, *Geschichte des Eisens* (3. Aufl. 1953). – Karl Roesch, *Dreitausendfünfhundert Jahre Stahl* (1979).

Fahrrad

War im 17. Jahrhundert die Fortbewegung «auf Schusters Rappen» zu beschwerlich, so konnte man, bei entsprechenden finanziellen Möglichkeiten, sich einer Kutsche anvertrauen oder reiten. Wollte man aber von tierischer Kraft unabhängig sein, so benötigte man ein anderes Fortbewegungsmittel, etwa ein Dreirad mit Handkurbelantrieb. Eine Weiterentwicklung dieser beschwerlichen Art, sich fort-

Fahrrad der französischen Firma Michaux, 1869

zubewegen, bildete die «Laufmaschine» von Karl Friedrich Drais, Freiherr von Sauerbronn, der 1817 ein lenkbares Laufrad konstruierte. Der Fahrer saß dabei auf einem Holzsattel und stieß sich mit den Füßen am Boden ab. Im folgenden versuchten Erfinder und Konstrukteure, den Anteil des Geräts an der Fortbewegung zu vergrößern und den des Menschen zu verringern. Mitte der 1850er Jahre führte der deutsche Instrumentenmacher Philip Moritz Fischer den Tretkurbelantrieb ein, bei dem der Fahrer die Fortbewegung durch Treten der Pedale an der Vorderachse erzeugte. Die Hochräder dieser Zeit mit großem Vorder- und kleinem Hinterrad waren gefährlich. Das bald darauf entwickelte «Sicherheitsfahrrad», ein «Niederrad» mit etwa gleich großen Rädern und auf das Hinterrad wirkendem Kettenantrieb, schuf Abhilfe. Gleichwohl war die Fahrt auf einem solchen «Knochenschüttler» kein Vergnügen. Vollgummireifen und der 1888 von John Boyd Dunlop erfundene Luftgummireifen brachten Besserung und reduzierten auch den Rollwiderstand des Fahrrads erheblich. Die Ende des 19. Jahrhunderts in den USA, Frankreich und Deutschland entwickelte Freilaufnabe mit Rücktrittbremse sicherte dem Fahrrad, einem «High-tech»-Produkt seiner Zeit, rasche Verbreitung.

Literatur: Max Rauck, Gerd Volke, Felix Paturi, *Mit dem Fahrrad durch zwei Jahrhunderte* (1988). – Pryor Dodge, *Faszination Fahrrad. Geschichte, Technik, Entwicklung* (1997). – Hans-Eberhard Lessing (Hg.), *Ich fahr so gerne Rad* (1997). – Alexander Klose, *Rasende Flaneure. Eine Wahrnehmungsgeschichte des Fahrradfahrens* (2003).

Tanker

Der Transport flüssiger Fracht auf See ist so alt wie das Schiff selbst. Verschiffte man in der Antike Flüssigkeiten wie Wein und Öl zumeist noch in Krügen, so diente vom Mittelalter bis ins 19. Jahrhundert das Holzfaß zu diesem Zweck. Die dabei auftretenden hohen Stauverluste und der um 1860 einsetzende Aufschwung des Petroleumhandels erforderten jedoch eine neue Transportweise. 1862 begannen britische und amerikanische Reedereien damit, in Segelschiffe größere Tanks einzubauen. 1868 wurden Tankschiffe in Dienst gestellt, bei denen die Außenhaut gleichzeitig als Tankwandung diente. Größe und Tragfähigkeit der Tankschiffe stiegen rasch an, doch traten bei Baulängen ab 150 m gravierende Probleme auf. Das Durch- bzw. Überhängen in Wellentälern und -bergen verursachte Risse in den Rümpfen, die zum Sinken des Schiffes führen konnten. Ab 1930 wurden die Schiffe in drei nebeneinanderliegende lange Tanks unterteilt, wodurch man vor allem eine größere Längsbiegefestigkeit erreichte. Waren vor dem Zweiten Weltkrieg Tanker von über 150 m Länge und 16 000 t Fracht noch selten, so erforderten die Erschließung der reichen Ölfelder im Mittleren Osten und längere Transportwege bald größere Schiffe. Ab 1949 befuhren die ersten «Supertanker» mit über 25 000 t Tragfähigkeit die Weltmeere. Der gewaltige Rohstoffbedarf der Industrieländer führte ab 1970 zum Bau von 300 000 BRT-Tankern. Allerdings konnten auch steigende Sicherheitsstandards beim Schiffbau die negativen Begleiterscheinungen des scharfen Wettbewerbs auf dem Tankermarkt nicht verhindern: Verschmutzung der Weltmeere durch illegale Tankreinigungen auf hoher See sowie Tankerunfälle durch veraltete Schiffe oder inkompetente Schiffsführung und die daraus entstehenden Ölpestkatastrophen an den Küsten.

Literatur: Joachim Brennecke, *Tanker. Vom Petroleumklipper zum Supertanker* (1979). – Joachim W. Pein, *Giganten der Weltmeere. Die Geschichte der Supertanker* (1996). – John T. Essberger, Svante Domizlaff, *Eine deutsche Geschichte der Tankschiffahrt* (1999). – Hans-Joachim Braun (Hg.), *Seetransport in Geschichte und Gegenwart* (2005).

Kunststoff

Die Entwicklung von Kunststoffen begann Anfang des 19. Jahrhunderts. Ab 1830 stellten Chemiker durch Behandlung von Papier, Holz oder Baumwolle mit Salpeter- oder Schwefelsäure Nitrozellulose her, die als hochbrisante Schießbaumwolle, als lösbarer Stoff für Wundpflaster und als Trägerschicht für Photoplatten Verwendung fand. 1862 stellte der englische Metallurg Alexander Parkes den Nitrozellulosekunststoff Parkesin vor, auf dessen Grundlage John W. Hyatt 1870 Zelluloid entwickelte. Dieser erste Kunststoff ersetzte bis zum Ersten Weltkrieg natürliche Materialen wie Hartgummi oder Horn fast vollständig und kam auch als Imitat von Elfenbein, Glas, Perlen und Bernstein auf den Markt. Eine besonders große Nachfrage fand Zelluloid in der Phono- und Filmindustrie. 1892 gelang es den englischen Chemikern Charles F. Cross und Edward J. Bevan, Baumwolle in Natronzellulose zu überführen, aus der sich Kunstseide herstellen ließ. Auch wenn sich diese Kunststoffe oft als vollwertiger Ersatz für Naturprodukte erwiesen, so haftete ihnen von Anfang an der Beigeschmack des billigen Surrogats an. Der erste vollsynthetische Kunststoff wurde um 1907 von dem Belgo-Amerikaner Leo Hendrik Baekeland aus Phenol-Formaldehydharzen entwickelt. 1909 stellte Baekeland das temperaturbeständige Edelkunstharz Bakelit her, das besonders für Telephonapparate, Uhrengehäuse, Messergriffe und Schmuck Verwendung fand. Nach dem Ersten Weltkrieg eröffnete das theoretische Verständnis der Makromoleküle den Weg zur gezielten Herstellung von Kunststoffen. Forschungen des deutschen Chemikers Hermann Staudinger führten 1931 zur Entwicklung der Polyvinylchloridfaser (PVC). Zur gleichen Zeit begründete Walter Reppe die Acytelenchemie, welche die Entwicklung petrochemischer Kunststoffe ermöglichte. 1934 entwickelte der Chemiker Wallace H. Carothers bei der amerikanischen Chemiefirma Du Pont das Superpolyamid 66, später als Nylon bekannt. Schwerpunkte der Kunststofforschung sind heute die Automobil-, Flugzeug- und Raumfahrttechnik, die hochfeste und leichte Materialien benötigt. Doch hat die steigende Kunststoffproduktion auch zu einem steigenden Rohölbedarf und zu einer Verpackungsflut geführt, welche die Recyclingtechnologie vor kaum lösbare Aufgaben stellt. Auch schädigen die zur Kunststoffproduktion eingesetzten Substanzen die Umwelt – so etwa die Fluorchlorkohlenwasserstoffe die Ozonschicht der Erdatmosphäre.

Literatur: Robert Friedel, *Pioneer Plastics. The Making and Selling of Celluloid* (1983). – Wolfgang Glenz (Hg.), *Kunststoff – ein Werkstoff macht Karriere* (1985). – Stephen Fenichell, *Plastik. Unser synthetisches Jahrhundert* (1997). – Udo Tschimmel, *Die Zehntausend-Dollar-Idee. Kunststoffgeschichte vom Zelluloid zum Superchip* (1998).

Batterie

Beim Versuch, Elektrizität zu speichern, erfanden der pommersche Gutsbesitzer Ewald Georg von Kleist und der niederländische Arzt Pieter van Musschenenbroeck in Leiden 1745 unabhängig voneinander den Glas-Wasserkondensator. Von einer Elektrisiermaschine leiteten sie einen Draht in eine Wasserflasche, die sogenannte Leidener Flasche, einen Oberflächenkondensator. 1747 verbesserte der englische Apotheker William Watson die Leidener Flasche, indem er ihre Innenwand mit Zinnfolie auskleidete. In Anknüpfung an Experimente Luigi Galvanis, der 1780 herausgefunden hatte, dass Froschschenkel zuckten, wenn sie gleichzeitig mit unterschiedlichen Metallen berührt wurden, stellte sein Landsmann Alessandro Volta im Jahre 1800 fest, daß zwei unterschiedliche Metalle in Verbindung mit einem nassen Element einen schwachen, fortdauernden Strom abgeben. Volta konstruierte eine Batterie, indem er jeweils zwei Scheiben unterschiedlicher Metalle und eine salzwasser- oder laugengetränkte Pappscheibe schichtweise aufeinanderlegte. Der abgegebene Strom war jedoch für praktische Anwendungen zu schwach. Elektrolytische Experimente brachten den deutschen Gelehrten Johann Wilhelm Ritter 1802 darauf, daß sich die «Voltaische Säule» durch das Aufeinanderstapeln von talergroßen Kupferscheiben und kochsalzgetränkten Pappscheiben vereinfachen und wiederaufladen ließ. Durch Steigerung der Plattenzahl und Vergrößerung ihrer Fläche konnte die Spannung dieser «Ladungssäule» erhöht werden. Bei der Suche nach Möglichkeiten, elektrische Energie zu speichern, ersetzte der deutsche Arzt Wilhelm Josef Sinsteden 1854 Kupfer und Kochsalzlösung durch Blei und verdünnte Schwefelsäure. Bei Experimenten mit diesem Bleiakkumulator entdeckte der Franzose Gaston L. Planté um 1870, daß ein wiederholtes Laden und Entladen die Bleiplatten leistungsfähiger macht. 1883 begann der luxemburgische Naturwissenschaftler Henry Tudor mit der Serienfabrikation von Akkumulatoren, die bald in großen Mengen zum Antrieb von Droschken, Straßenbahnen, Elektrobooten, aber auch in Elektrizitätswerken Anwendung fanden. Seit dem frühen 20. Jahrhundert werden Akkumulatoren als Starterbatterien in Automobilen genutzt; in den beiden Weltkriegen waren sie zum Antrieb von U-Booten bei der Unterwasserfahrt unentbehrlich. Eine junge, erfolgversprechende Entwicklung auf dem Gebiet der elektrischen Energiespeicherung stellt die Brennstoffzelle dar.

Literatur: Richard H. Schallenberg, *Bottled Energy* (1982). – Kurt Sattelberg, *Vom Elektron zur Elektronik. Eine Geschichte der Elektrizität* (1982). – Albert Kloss, *Von der Electricitaet zur Elektrizität. Ein Streifzug durch die Geschichte der Elektrotechnik, Elektroenergetik und Elektronik* (1987). – Kurt Jäger (Hg.) *Gespeicherte Energie. Geschichte der elektrochemischen Energiespeicher* (1994).

Dynamomaschine

Dynamomaschine von Siemens & Halske mit Trommelanker, 1857

Die Entwicklung der Dynamomaschine ist eng mit der des Elektromotors verbunden. 1821 stellte der englische Physiker Michael Faraday folgende Experimentanordnung zusammen: Er ließ eine mit einem Schleifkontakt versehene Kupferscheibe zwischen zwei Magneten laufen, ohne daß diese berührt wurden. Die Rotation der Scheibe erzeugte einen elektrischen Strom. Faraday erkannte, daß die bei der Rotation entstehende Magnetfeldänderung eine elektrische Spannung erzeugte. Damit war das Grundprinzip des Dynamos gefunden. Kräftigere Wirkungen als Faraday erzielte 1832 der französische Mechaniker Hippolyte Pixii, der zwei Stabmagneten unter zwei feststehenden Kupferspulen rotieren ließ. Der erste funktionsfähige Generator war gebaut. 1852 machte der Däne Søren Hjort beim Experimentieren mit einem Generator eine wichtige Entdeckung: Er stellte fest, daß die Maschine in der Lage war, sich durch induktives Aufschaukeln von allein zu magnetisieren. Diese Erkenntnis nützte Werner Siemens 1866 bei der Entdeckung des dynamoelektrischen Prinzips: Auch wenn die Erregerbatterie abgeschaltet ist, so liefert ein fremderregter Generator immer noch einen schwachen Strom, der durch den Restmagnetismus im Erregermagneten hervorgerufen wird. Leitet man diesen Strom durch Magnetspulen, so verstärkt sich das Magnetfeld. Es ruft einen noch kräftigeren Strom hervor, der Magnetfeld und induzierten Strom anwachsen läßt. In der Folgezeit durchlief die Dynamomaschine verschiedene Verbesserungen, die sie praxistauglich machten; die wichtigste war die Entwicklung des Trommelankers durch Friedrich von Hefner-Alteneck 1872. Anfang der 1880er Jahre verband Thomas Alva Edison die Dampfmaschine mit einem Dynamo; 1882 errichtete er auf dieser Basis in New York das erste öffentliche Kraftwerk. Andere Anwendungsmöglichkeiten folgten: 1886 kam in England der erste kleine Fahrraddynamo auf den Markt.

Literatur: Kurt Sattelberg, *Vom Elektron zur Elektronik* (1982). – Fritz Fraunberger, *Illustrierte Geschichte der Elektrizität* (1985). – Albert Kloss, *Von der Electricitaet zur Elektrizität* (1987). – Jörg Meya, Heinz Otto Sibum, *Das fünfte Element. Wirkungen und Deutungen der Elektrizität* (1987).

Glühlampe

Elektrische Glühlampe von Thomas Alva Edison, am 15.12.1879 zum Patent angemeldet

«Du sollst die Nacht nicht zum Tage machen!» Diese manchem Nachtschwärmer höchst unsympathische Forderung wurde zu Beginn des 19. Jahrhunderts erhoben, als die Gasbeleuchtung in einigen großen Städten Westeuropas Einzug hielt. Schließlich hatte der Schöpfer die Nacht zur Ruhe, den Tag aber zur Arbeit – zumindest für die meisten – bestimmt. Die Gasbeleuchtung begann, diesen natürlichen Rhythmus zu unterbrechen, und die elektrische Beleuchtung setzte diesen Trend fort. 1854 erfand Heinrich Goebel, ein aus Deutschland in die USA ausgewanderter Optiker und Uhrmacher, die Glühlampe. Als Glühwendel benutzte er verkohlte Bambusfasern, die er in eine luftleer gepumpte Parfümflasche einbrachte – die Fasern wären bei Berührung mit Sauerstoff verbrannt – und als Stromquelle eine Zink-Kohle-Batterie. Die von Goebel verwendete Batterie lieferte eine zu geringe Leistung, so daß die Beleuchtung eines Schaufensters zwar mehr schlecht als recht gelang, er aber weitere Versuche einstellte. Mit der Entdeckung des dynamoelektrischen Prinzips durch Werner Siemens im Jahre 1866 stand ein leistungsfähiger Stromgenerator zur Verfügung. Ende der 1870er Jahre wandte sich der amerikanische Erfinder Thomas Alva Edison der elektrischen Beleuchtung zu. Nachdem er eine große Zahl verschiedener Materialien als Glühwendel ausprobiert hatte, gelang es ihm 1879, einen verkohlten Baumwollfaden in einem Glühkolben für 45 Stunden am Brennen zu halten. Ein mit einer Dampfmaschine gekoppelter Generator lieferte den Strom. Edison vermarktete sein System mit großem Erfolg, doch erwies sich der verkohlte Baumwollfaden als Schwachpunkt. 1902 konstruierte der österreichische Erfinder Auer von Welsbach eine Glühlampe mit einem Osmiumdraht, der seinen Zweck besser erfüllte. In Kombination mit Wolfram, das wegen seines hohen Schmelzpunktes für Glühlampen besonders geeignet war, ergab sich eine dauerhafte und leistungsfähige Glühwendel. Die 1919 gegründete Firma «Osram» produzierte Glühlampen auf dieser Basis. Den Nachteil, daß bei Wolfram die Leuchtdrahtoberfläche verdampfte, konnte ausgeglichen werden, als man 1913, auf Anregung des amerikanischen Chemikers Irving Langmuir, Neon bzw. Argon in den Lampenkolben einfüllte. Heute wird dazu Halogen verwendet.

Literatur: Wolfgang Schivelbusch, *Lichtblicke. Zur Geschichte der künstlichen Helligkeit im 19. Jahrhundert* (1983). – Hans-Jürgen Wulf (Hg.), *Die Geschichte der elektrischen Glühlampenbeleuchtung* (1998). – Brian Bowers, *Lengthening the Day. A History of Lighting Technology* (1998).

Beton

Jahrhunderthalle in Breslau, Errichtet 1911–1913 nach Plänen des Architekten Max Berg

Durch Kalkmörtel verfestigte Bodenbeläge waren bereits um 7000 v. Chr. in Israel und um 3000 v. Chr. in China bekannt. Um 300 v. Chr. entwickelten römische Baumeister den Baustoff *opus caementitium*, von dem sich später das Wort Zement ableitete. Dieser Gußmörtel setzte sich aus Steinen, Sand, Wasser und einem speziellen Kalk zusammen, dem man in Pozzuoli bei Neapel – daher auch Pozzolanerde – fand. Seine hohe Druck- und Wasserfestigkeit prädestinierte ihn als Material für den Hoch- und Wasserbau. Den Begriff Beton prägte der französische Ingenieur Bernard Forest de Bélidor im Jahre 1753 für ein Gemisch aus Pozzolanerde mit Zuschlägen. Als es 1824 dem englischen Baumeister Joseph Aspdin gelang, durch Brennen von Kalkstaub und Ton den ersten Kunstzement (Portlandzement) zu erzeugen, war eine breite Anwendung des Baustoffs gesichert. Beton ist auf Druck sehr hoch-, auf Zug und Biegung jedoch kaum belastbar. Den Gedanken, Gußbeton durch die Einlage von Eisenteilen auch gegen Zugkräfte widerstandsfähig zu machen, verwirklichte der Pariser Gärtner Joseph Monier. 1867 erhielt er ein

Patent auf die Herstellung drahtbewehrter Blumenkübel aus Zement. Die Möglichkeit, die Zugkräfte eines Bauwerks über die Bewehrung mit solchen sogenannten Moniereisen abzuleiten, erweiterten die Einsatzmöglichkeiten des Betons. Eine Weiterentwicklung des Stahlbetons stellte der Spannbeton dar, mit dem bereits im 18. Jahrhundert erste Versuche unternommen wurden. Hier setzte man den Beton durch gespannte Stahleinlagen so unter Druck, daß Zugspannungen ohne negative Wirkung blieben. Dies ermöglichte größere Spannweiten etwa von Brückenbauten bei Senkung von Gewicht und Kosten. Zu Beginn der 1960er Jahre begann die maschinelle Produktion von Stahlbetonfertigteilen für den Wohnungsbau. Hier konnten die Baukosten und -zeiten zwar erheblich gesenkt werden, doch verliehen diese wenig ansprechenden architektonischen Zwecklösungen dem Material Beton ein negatives Image. Kritisiert wurden auch die hohen Energiekosten, das schwierige Recycling sowie hohe Sanierungskosten.

Literatur: Heinz-Otto Lamprecht, *Opus caementitium. Bautechnik der Römer* (1984). – Börries H. Sinn, *Und machten Staub zu Stein. Die faszinierende Archäologie des Betons von Mesopotamien bis Manhattan* (1993). – Kathrin Bonacker, *Beton – ein Baustoff wird Schlagwort* (1996). – Gerd Danielewski, *Beton. Baustoff des Jahrhunderts* (1998). – Jupp Grote, Bernard Marrey, *Freyssinet. Der Spannbeton in Europa 1930–1945* (2000).

Schreibmaschine

Schreibmaschine von Sholes und Glidden, USA, 1868

Versuche, Schreibmaschinen zu konstruieren, die auf dem Prinzip des Druckens einzelner Buchstaben beruhen, gab es schon Mitte des 17. Jahrhunderts. Aber erst 1714 erhielt der Engländer Henry Mill ein entsprechendes Patent, und 1730 ließ der erblindete Mathematiker N. Saunderson in Cambridge eine solche Maschine bauen. Bis eine gebrauchsfertige Schreibmaschine zur Verfügung stand, waren jedoch noch viele Probleme zu lösen. Der erste erhaltene maschinengeschriebene Brief stammt aus dem Jahr 1830. Die Tastaturen der ersten Schreibmaschine ähnelten einer Klaviatur. Ende der 1860er Jahre entwickelten die amerikanischen Ingenieure

Christopher Latham Sholes und Charles Glidden eine Schreibmaschine, deren Typenhebel von unten anschlugen. Sie wurde ab 1873 von dem amerikanischen Waffenfabrikanten Philo Remington produziert. Die «Remington Nr. 1» hatte 44 Tasten, ausschließlich für Großbuchstaben, deren Anordnung mit der Buchstabenhäufigkeit der jeweiligen Landessprache korrespondierte (QWERTY- bzw. QWERTZ-Tastatur). Das Nachfolgemodell von 1878 besaß bereits Groß- und Kleinschreibung. Zu dieser Zeit setzte auch die Mechanisierung des Schreibvorgangs in den Büros ein. Immer mehr Frauen ergriffen den Beruf der Stenotypistin bzw. Sekretärin; die Schreibmaschine wurde zu einem wesentlichen Attribut des Emanzipationsprozesses der Frau. 1910 brachte die Firma Seidel & Naumann in Dresden die erste Reiseschreibmaschine heraus, die sich bald großer Beliebtheit erfreute. Nachdem Thomas Alva Edison eine elektrische Schreibmaschine mit Typenwalze konstruiert hatte, wurden ab 1920 die ersten elektrischen Büroschreibmaschinen gebaut. Zwischen den Kriegen nutzte man die Möglichkeiten der elektromechanischen Schreibmaschine zur Entwicklung codierter Fernschreiben. 1947 brachte IBM die erste vollelektrische Schreibmaschine auf den Markt, der 1968 die Kugelkopfschreibmaschine folgte. Personalcomputer leiteten seit den späten 1970er Jahren das Ende der elektromechanischen Schreibmaschinen ein.

Literatur: Robert Walter Kunzman, *Hundert Jahre Schreibmaschinen im Büro* (1979). – Leonhard Dingwerth, *Historische Schreibmaschinen* (1993). – Alfred Waize, *Die Welt der Schreibmaschinen* (1998).

Straßenbahn

Mit dem zunehmenden Bevölkerungswachstum und der Ausbreitung der Städte in Europa und den USA im 19. Jahrhundert stellte sich die Frage der Infrastruktur. Die in europäischen Großstädten eingerichteten Pferdebahnen erwiesen sich jedoch als zu langsam und teuer. Darüber hinaus bestand die Gefahr von Tierseuchen, die den Betrieb lahmlegen konnten, sowie das Problem des Pferdemistes, der zu beseitigen war. Die Wahl eines effektiveren Nahverkehrsmittels lag daher nahe. 1877 richteten Lokomotivfabrikanten in Kassel eine Dampfstraßenbahn ein. In San Francisco hatte bereits 1873 die erste «Cable Car»-Teilstrecke ihren Betrieb aufgenommen. Der amerikani-

Erste elektrische Straßenbahn in Berlin, 1881

sche Drahtseilfabrikant Andrew S. Hallidie ließ in Schächten unter der Straßenoberfläche verlegte Endlos-Drahtseile durch starke Dampfmaschinen antreiben. Die Straßenbahnwagen klinkten sich in das Seil ein und wurden zur nächsten Station gezogen, wo der Fahrer den Wagen zum Anhalten wieder ausklinkte. Als bequemer erwies sich allerdings die elektrische Straßenbahn. 1881 baute die Firma Siemens & Halske die erste elektrische Straßenbahn, die in Berlin-Lichterfelde ihren Betrieb aufnahm. Die Stromzuführung erfolgte durch die beiden Schienen, was die Gefahr von Unfällen mit sich brachte. Siemens & Halske löste dieses Problem mit der heute noch üblichen Oberleitung und dem dazugehörigen Bügelstromabnehmer. Während die Ausbreitung der elektrischen Straßenbahnen in Europa nur langsam verlief, lösten die Aktivitäten des amerikanischen Bauunternehmers Frank J. Sprague in Richmond, Virginia, einen wahren Boom aus. Sprague rüstete seine Triebwagen mit verbesserten Stromabnehmern und Fahrmotoren aus. In Deutschland erfolgte der verstärkte Bau von Straßenbahnen erst ab etwa 1900; ihre Blütezeit erreichten sie in den 1920er Jahren, als in den USA bereits Automobile und Individualverkehr dominierten. Größenwachstum und funktionale Differenzierung der Städte in der Phase der Hochindustrialisierung wären ohne elektrische Straßenbahnen nicht möglich gewesen. Nach dem Zweiten Weltkrieg gingen viele Städte zum Einsatz von Omnibussen über, da die Straßenbahnen oft den Straßenverkehr behinderten; in manchen Großstädten setzte auch ein verstärkter Bau von U-Bahnen ein, die bereits 1863 in London eingeführt worden waren. Seit den 1980er Jahren erlebt die Straßenbahn als Stadtbahn eine gewisse Renaissance. Stadtplaner erkannten in ihr ein ideales Nahverkehrsmittel, das, abgaslos, bequemer und geräuschärmer als der Autobus, sogar in Fußgängerzonen fahren kann.

Literatur: George Woodman Hilton, *The Cable Car in America* (1971). – John P. McKay, *Tramways and Trolleys* (1976). – Wolfgang Hendlmeier, *Handbuch der deutschen Straßenbahngeschichte* (2 Tle., 1981).

Photographie

Bereits Aristoteles (386–322 v. Chr.) und um 1000 der arabische Forscher Alhazen beschrieben die «camera obsura», eine dunkle Kammer, die an einer Seite eine kleine Öffnung aufwies. Das durch die Öffnung einfallende Licht zeichnete auf der gegenüberliegenden Wand der Kammer ein auf dem Kopf stehendes Abbild der Außenwelt. 1827 baute der Franzose Joseph Nicéphore Niepce einen «Photoapparat» mit Zinnplatte und achtstündiger Belichtungszeit. 1835/37 versah der Pariser Bühnen- und Landschaftsmaler Louis Jacques Maudé Daguerre Metallplatten mit einer Beschichtung von Silbersalzen und fertigte damit erste Lichtbildaufnahmen (Daguerreotypie) an. 1839 stellte der Engländer William Henry Fox Talbot das erste Papierlichtbild her. Ab Mitte des 19. Jahrhunderts eröffnete die Photographie vor allem den Naturwissenschaftlern, der Presse, dem Militär und der Kunst neue Möglichkeiten. Häufig ersetzten Photographien die Portraits von Malern; Malstile änderten sich unter dem Einfluß der Photographie. In der zweiten Hälfte des 19. Jahrhunderts konzentrierten Techniker und Photographen ihre Bemühungen darauf, Kameras und Filme betriebssicherer und einfacher handhabbar zu machen. 1861 stellte Thomas Sutton die erste Spiegelreflexkamera her. Der Zelluloidfilm George Eastmans wurde 1884 patentiert und kam 1889 auf den Markt. Danach versuchten Eastman und seine später gegründete Firma Kodak, mit einfachen Boxkameras die Photographie für jedermann erschwinglich zu machen. Dies gelang allerdings erst ab Mitte der 1920er Jahre, als 1926 mit dem 16-mm-Schmalfilm von Kodak und der ab 1932 gebauten Agfa-Box-Kamera der Photoapparat zum Massenartikel wurde. 1948 stellte der Amerikaner Edwin Herbert Land die erste Sofortbildkamera (Polaroid) vor. 1981 kamen Kameras ohne Film auf den Markt, bei der die Aufnahme auf einer Diskette gespeichert wurde. Das Aufkommen der CCD-Kameras in der astronomischen Forschung führte ab 1985 zu einer stürmischen Entwicklung bei der digitalen Bildverarbeitung, die ab 1990 in die Produktion erster Digitalkameras für den Photoamateurmarkt mündete.

Literatur: Heinz Haberkorn, *Anfänge der Photographie* (1981). – Peter Turner, *History of Photography* (1987). – Monika Faber u. a. (Hg.), *Das Auge und der Apparat* (2003).

Da bis weit in das 19. Jahrhundert hinein nur natürliche, teuere Pflanzenfarbstoffe zur Verfügung standen, war das Färben von Textilien kostspielig. Dies galt besonders für das Blau der aus Indien stammenden Indigopflanze, die auch unter der portugiesischen Bezeichnung «Anil» bekannt war. Angeregt durch die chemischen Experimente seines Lehrers August Wilhelm Hofmann, der um 1850 aus Steinkohlenteer verschiedene weiterverwertbare Substanzen destillierte, versuchte sein Assistent William Henry Perkin 1856, aus dem Teerderivat Tolucidin das Malariaheilmittel Chinin zu synthetisieren. Zwar blieb dies ohne Erfolg, doch fand er dabei eine intensiv lila färbende Substanz, die zudem lichtecht war. Perkin nannte diesen Farbstoff zunächst «Anilinpurpur», später «Mauvein». In Deutschland wurden Anilinfarben zunächst in der 1863 gegründeten Farbenhandlung von Bayer in Wuppertal hergestellt; die Badische Anilin- und Sodafabrik (BASF) von 1865 und die Aktiengesellschaft für Anilin-Fabrikation (Agfa), 1872 gegründet, trugen die Bezeichnung des Farbstoffs sogar in ihrem Namen. 1880 gelang es dem Chemiker Adolph von Baeyer, den Indigofarbstoff Anilin zu synthetisieren, doch lagen die Produktionskosten zunächst noch über dem Preis des natürlichen Indigo. Umfangreiche Forschungs- und Entwicklungsanstrengungen zur preisgünstigeren Herstellung führten zur Entdeckung der antiseptischen Eigenschaften des Anilins, wonach einige Farbenfabrikanten auch pharmazeutische Produkte herzustellen begannen. Nachdem die BASF 1897 die Großproduktion von synthetischem Indigo aufgenommen hatte, spielte der Natur-Indigo bald nur noch eine geringe Rolle. Bis heute hat sich Indigo, nicht zuletzt wegen «Blue Jeans» und blauer Arbeitskleidung, als Farbstoff in der Textilproduktion behaupten können.

Literatur: Dieter Osteroth, *Soda, Teer und Schwefelsäure. Der Weg zur Großchemie* (1985). – Arne Andersen, *Das blaue Wunder. Geschichte der synthetischen Farben* (1990). – Anthony S. Travis, *The Rainbow Makers. The Origins of the Synthetic Dyestuff Industry in Western Europe* (1993). – Carsten Reinhardt, *Forschung in der chemischen Industrie. Die Entwicklung synthetischer Farbstoffe bei BASF und Hoechst, 1863 bis 1914* (1997). – Werner Abelshauser, *Die BASF. Eine Unternehmensgeschichte* (2. Aufl. 2003).

Kühlschrank

Der elektrische Kühlschrank «Santo Junior» der Firma AEG, Werbeplakat, um 1935

Wollte man vor der ersten Hälfte des 19. Jahrhunderts Nahrung kühlen, so standen hierfür nur Eis und Schnee bzw. besondere Kühlräume zur Verfügung. In dieser Zeit begannen vor allem in den USA Versuche, zu diesem Zweck mit Äther gefüllte Kompressionskältemaschinen zu verwenden. Hierbei wurden durch Verdampfung eines Kühlmittels, in diesem Fall Äther, später Ammoniak, niedrige Temperaturen erzeugt. Das Kühlmittel absorbierte beim Verdampfungsprozeß Wärme, die es bei der Kondensation wieder abgab. Eine Pumpe steuerte den Verdampfungs- und Verflüssigungsprozeß. 1876 entwickelte der deutsche Maschinenbauprofessor Carl Linde eine zuverlässige mit Ammoniak arbeitende Kompressionskältemaschine, an der vor allem Brauereien Interesse zeigten, die für den Brauprozeß wirksame Kühlräume benötigten. Der erste elektrische Haushaltskühlschrank mit Ammoniak als Gefriermittel kam 1913 in Chicago auf den Markt. 1926 ging die Firma General Electric zur Serienherstellung von Haushaltskühlschränken über. Geschicktes Marketing und reduzierte Preise führten zu einer raschen Ausbreitung des Kühlschranks. Existierten 1923 in den USA nur etwa 20 000 Exemplare, so waren es 1936 bereits 2 Millionen. Dabei gelang es General Electric, ein Konkurrenzprodukt, den Gaskühlschrank, vom Markt zu verdrängen. Dieser war bis zur Mitte der 1920er Jahre in amerikanischen Haushalten weit verbreitet und hatte gegenüber dem Elektrokühlschrank verschiedene Vorteile. Bei ihm absorbierte nämlich erhitztes Gas die Wärme, so daß er keinen Elektromotor benötigte. Auch das zunächst noch sehr laute und störende Brummen des Elektrokühlschranks entfiel beim Gasmodell. Zudem besaß er weniger bewegliche Teile als der Kompressionskühlschrank und war deshalb weniger reparaturanfällig. Trotzdem führten überlegene Kapitalausstattung und eine geschickte Werbestrategie von Seiten General Electrics zur Durchsetzung des Elektrokühlschranks. Dieses Beispiel zeigt, daß sich keineswegs immer die «bessere Technik» durchsetzen muß, sondern daß Marketing und Preispolitik eine entscheidende Rolle spielen können. Die Firma Linde in Deutschland verwendete in ihren Kühlschränken zunächst flüssiges Ammoniak, stellte aber auch Versuche mit Kohlenwasserstoffen an. In den USA begann 1930 die Serienproduktion von Kühlschränken, die an Stelle flüssigen Ammoniaks eine Fluorchlorkohlenwasserstoff-(FCKW-)Verbindung verwendeten, die dem Ammoniak überlegene Eigenschaften aufzuweisen schien. In den 1970er Jahren stellte sich aber heraus, daß FCKW die Ozonschicht der Erde schädigt und Treibhauseffekt und UV-Strahlung verstärkt. 1985 wurde eine internationale Konvention zum Schutz der Ozonschicht beschlossen, die 1988 in Kraft trat. Infolge dieses Beschlusses ist in der Bundesrepublik Deutschland seit 1995 die Produktion und Verwendung von FCKW in Neuanlagen verboten. An seiner Stelle wird in der Kältetechnik wieder verstärkt Propan und Kohlendioxid eingesetzt.

Literatur: Hans-Christian Täuberich (Hg.), *Unter Null. Kunsteis, Kälte und Kultur* (1991). – Mikael Hård, *Machines are Frozen Spirit* (1994). – Hans-Liudger Dienel, *Ingenieure zwischen Hochschule und Industrie. Kältetechnik in Deutschland und Amerika, 1870–1930* (1995). – Wessel Reinink, *Eiskeller. Kulturgeschichte alter Kühltechniken* (1995).

Telefon

Nachdem bereits um 1830 verschiedene Experimentatoren gezeigt hatten, daß es grundsätzlich möglich ist, akustische in elektrische Schwingungen umzuwandeln, demonstrierte 1863 der Privatschullehrer Johann Philipp Reis erstmals die elektrische Fernübertragung von Klängen und Geräuschen. Als Vorbild für seine Sendeanlage diente ihm das menschliche Ohr, das er in Holz nachbildete. Über das Ende des «Gehörgangs» spannte er eine Membran aus Schweinedarm, die er durch Schallschwingungen in Bewegung setzte. Ein auf die Membran aufgekitteter Platinkontakt öffnete und schloß je nach Membranschwingung einen Stromkreis. Die auf diesem Wege möglichen Übertragungen waren freilich noch sehr unvollkommen. Ab 1870 beschäftigte sich der amerikanische Stimmphysiologe und Sprachlehrer Alexander Graham Bell mit der Multiplextelegraphie, der gleichzeitigen Übertragung mehrerer Nachrichten auf einem Draht. Dabei verfolgte er die Absicht, akustische Schwingungen unterschiedlicher Frequenz zu nutzen, die, in elektrische Schwingungen verwandelt, am Empfangsort als Einzelfrequenzen wieder herausgefiltert und rückverwandelt werden konnten. Bell erkannte die

Möglichkeit, auf diesem Wege auch Sprache zu übertragen. Am 14. Februar 1876, einige Stunden vor seinem Landsmann Elisha Gray, meldete er sein Telefon zum Patent an. Das Telefon Bells fand in den USA und in Europa rasch Verbreitung. Das Hauptproblem der ersten Telefonnetze lag aber in der geringen Reichweite von anfangs nur 30 km sowie in der Vermittlungstechnik. Erste Vermittlungsämter kamen gleichzeitig mit dem Telefon auf und wurden zu einer Domäne schlecht bezahlter weiblicher Arbeitskräfte, die als «Fräulein vom Amt» einen oft nervenaufreibenden Dienst zu verrichten hatten. Erste Erfolge mit einem automatischen Vermittlungssystem erzielte 1889 Almon B. Strowgers. Mit der Einführung der 1900 von George A. Campbell und Michael I. Pupin erfundenen Induktionsspule konnte die Reichweite des Telefons auf 2000 km gesteigert werden; der Einsatz der Elektronenverstärkerröhre ermöglichte ab 1915 sogar Ferngespräche über eine Distanz von 4500 km. Obwohl sich das Telefon vor allem in den USA rasch durchsetzte, blieb bis zum Ende des Zweiten Weltkriegs die Telegraphie noch zuverlässiger und sicherer. Seit den 1970er Jahren gehört das Telefon in den Industrieländern zur Grundausstattung der meisten Haushalte. Mitte der 1980er Jahre wurden die ersten schnurlosen Telephone auf den Markt gebracht. Die Einführung des ISDN (Integrated Services Digital Network) in den späten 1980er Jahren brachte einen neuen technischen Durchbruch. Mit dem 1992 eröffneten D-Mobilfunknetz wurde die Sprachqualität nochmals deutlich verbessert und konnten auch kleine und leichte Endgeräte eingesetzt werden.

Literatur: Frank Thomas, *Telefonieren in Deutschland* (1995). – Sabine Zelger, *Das Pferd frißt keinen Gurkensalat. Kulturgeschichte des Telefonierens* (1997). – Stefan Münter, Alexander Roesler (Hg.), *Telefonbuch. Beiträge zur einer Kulturgeschichte des Telefons* (2002).

Verbrennungsmotor

Wie in so vielen anderen Fällen, so führt auch beim Verbrennungsmotor der Weg zurück zu Leonardo da Vinci. 1506 skizzierte er seine Idee eines atmosphärischen Schießpulvermotors, die der holländische Physiker Christiaan Huygens 1673 ohne Erfolg zu realisieren versuchte. 1807 erhielt der französische Eisenbahningenieur Alphonse Beau de Rochas zwar ein Patent auf einen Viertaktgasmotor, doch

Erster schnellaufender Benzinmotor mit Glührohrzündung, 1883, konstruiert von Wilhelm Maybach und Gottlieb Daimler

der erste industriell gefertigte Verbrennungsmotor war der verdichtungslose Gasmotor des Belgiers Etienne Lénoir, den dieser 1862 anstelle der Dampfmaschine stationär in der Praxis einsetzte. Nikolaus August Otto, ein technisch interessierter Kaufmann, kannte den Lenoirschen Motor und versuchte, das Treibstoffgemisch in einem zusätzlichen Takt zu verdichten und so den Wirkungsgrad zu erhöhen. 1876 war sein Viertaktverbrennungsmotor funktionstüchtig. Bei dessen Entwicklung hatte ihm der Maschinenbauingenieur Eugen Langen zur Seite gestanden, der vor allem die kaufmännischen Angelegenheiten der 1864 gegründeten Firma N. A. Otto & Cie., ab 1872 Gasmotorenfabrik Deutz AG, betreute. Wir haben es hier mit einem «Tandem» zu tun, das häufig in der Technikgeschichte auftritt und bei dem sich technische und wirtschaftliche Begabung und Sachverstand auf günstige Weise ergänzen. Der Ottomotor war ursprünglich für den stationären Einsatz gedacht gewesen. Auf den Arbeiten Ottos und Langens aufbauend, entwickelten Georg Daimler und Karl Maybach 1883 und Carl Friedrich Benz unabhängig davon 1885 den leichten, schnellaufenden Benzinmotor, der seit 1886 als Fahrzeugantrieb eingesetzt wurde. Den Durchbruch für die Verwendung schwerflüchtiger Kraftstoffe brachte der in den 1890er Jahren entwickelte Dieselmotor. Der Kreiskolbenmotor, bei dem die Drehbewegung direkt durch einen rotierenden Kolben erzeugt wird, wurde 1957 von dem Erfinder Felix Wankel als Prototyp vorgestellt. Wegen Konstruktions- und Materialproblemen konnte er sich aber nur in Marktnischen behaupten.

Literatur: Friedrich Sass, *Geschichte des deutschen Verbrennungsmotorenbaus von 1860 bis 1918* (1962). – Gustav Goldbeck, *Gebändigte Kraft. Die Geschichte der Erfindung des Otto-Motors* (1965). – Helmut Hütten, *Motoren. Technik, Praxis, Geschichte* (9. Aufl. 1992). – Christian Bartsch, *Die Dieselrevolution. Die Entwicklung der Direkteinspritzung* (2001).

Aufzug

Erster elektrischer Fahrstuhl, gebaut von Werner Siemens, ausgestellt auf der Mannheimer Industrieausstellung (Pfalzgau-Ausstellung) 1880

Einfache Aufzüge zur Beförderung von Lasten fanden sich schon auf den Großbaustellen der Antike; auch benutzte das antike Theater einfache Hebebühnen oder Aufzüge, um – zum Erstaunen der Zuschauer – Darsteller aus dem Boden aufsteigen zu lassen. Regelrechte Personenaufzüge wurden in der Renaissance entwickelt. Am französischen Königshof gab es schon zur Zeit Ludwigs XV. (1715–1774) einen handbetriebenen Aufzug, der einigermaßen zuverlässig funktionierte. Vor der Erfindung der Dampfmaschine übernahmen zumeist Menschen, Zugtiere oder Wasserräder den Antrieb von Aufzügen. Ein Speiseaufzug von der im Keller gelegenen Küche zum Speisesaal war im 18. Jahrhundert in wohlhabenden Bürgerhäusern gebräuchlich. Einen wichtigen Schritt in der Entwicklung des Fahrstuhls stellte 1834 die Erfindung des Drahtseils durch den Clausthaler Bergrat Julius Albert dar. Nun ließen sich auch schwere Förderkörbe aus großen Tiefen rasch nach oben ziehen. 1840 wurden die ersten dampfbetriebenen Fördermaschinen eingerichtet, die auch zum Transport von Bergleuten dienten. Als Erfinder des modernen Aufzugs gilt der Amerikaner Elisha Graves Otis, der 1854 einen Fahrstuhl mit automatischer Fangvorrichtung baute und 1857 in New York den ersten Personenfahrstuhl installierte. Solche Fahrstühle stellten die Voraussetzung zum Bau von Hochhäusern dar. Otis' Söhne brachten 1878 den ersten hydraulischen Fahrstuhl heraus, der sehr viel sicherer, komfortabler und billiger arbeitete als der Seilaufzug. Ab 1903 produzierte die Firma Otis den ersten elektrischen Fahrstuhl, der über eine wesentlich bessere Beschleunigung und Abbremsung verfügte. Der Fahrstuhl im 381 m hohen Empire State Building in New York erreichte 1931 eine Geschwindigkeit von 130 km/h. Automatische Kontrollsysteme und Selbstwähleinrichtungen machten ab 1948 den in alten Hollywoodfilmen notorischen Liftboy überflüssig. Im 2001 zerstörten 110stöckigen World Trade Center in New York transportierten

255 Fahrstühle täglich mehr als 50 000 Angestellte und 8000 Besucher.

Literatur: Jeannot Simmen, Uwe Drepper, *Der Fahrstuhl. Die Geschichte der vertikalen Eroberung* (1984). – Vittorio Magnago (Hg.), *Vertikal. Aufzug, Fahrtreppe, Paternoster* (1994). – Kerstin Englert, *Fahrstühle in Berlin. Eine 100jährige Geschichte* (1998). – Jason Goodwin Otis, *Giving Rise to the Modern City. A History of the Otis Elevator Company* (2001).

Wolkenkratzer

Flatiron Building, New Yorks erster Wolkenkratzer, erbaut von D. H. Burnham, 1902

Nach einer weithin akzeptierten Definition müssen Hochhäuser mindestens 30 m hoch sein oder über zwölf und mehr Stockwerke verfügen. Solche Bedingungen erfüllten bereits um 2900 v. Chr. die Stufenpyramiden der Sumerer, die als Turmtempel und astronomische Observatorien dienten. Wie diese, so war auch der sagenhafte, 90 m hohe Turm von Babel, den Nebukadnezar II. um 600 v. Chr. errichten ließ, kein Hochhaus im eigentlichen Sinne. Hochhäuser zu Wohnzwecken gab es im antiken Rom, wo Wohnungsnot und Spekulantentum zum Bau von bis zu zehnstöckigen, häufig einsturzgefährdeten Mietshäusern führten. Raumknappheit und Prestigedenken ließen im Mittelalter hohe Gebäude auf engstem Raum entstehen. Dies gilt etwa für die «Geschlechtertürme», befestigte Wohntürme des Stadtadels, die im 12. und 13. Jahrhundert in toskanischen Städten eine Höhe von über 40 m erreichten. Im Industriezeitalter ermöglichten wirtschaftliche Stahlherstellungsverfahren, Stahlbeton und Fahrstühle die Errichtung von Hochhausbauten. Anfang der 1870er Jahre entwickelten Architekten und Bauingenieure in Chicago den Stahlskelettbau. Liberale Bauvorschriften, ein gewaltiges Wachstum der Stadt, Bodenspekulation und Prestigedenken förderten den Bau von Wolkenkratzern. Zwischen 1880 und 1895 entstanden in Chicago und New York die Prototypen moderner Bürohochhäuser. 1913 wurde in New York das neugotische, 241 m hohe Woolworth Building, 1931 das 381 m hohe

Empire State Building fertiggestellt. Ab 1950 entwickelte sich der Hochhausbau unter dem Einfluß des Architekten Mies van der Rohe zum reinen Strukturbau mit rechteckig-prismatischen Türmen. Heute ist der 508 m hohe Wolkenkratzer «Taipeh 101» in der taiwanischen Hauptstadt das höchste Gebäude der Welt. Im September 2001 führte der terroristische Anschlag auf die über 400 m hohen Zwillingstürme des World Trade Centers in New York der Welt die Verwundbarkeit solcher Superbauten vor Augen.

Literatur: Johann N. Schmidt, *Wolken-Kratzer* (1991). – Bruno Flierl, *Hundert Jahre Hochhäuser* (2000). – David Bennet, James R. Steinkamp, *Den Himmel berühren* (2002). – Antonio Terranova, *Wolkenkratzer* (2003). – Andres Lepik, *Skyscrapers* (2004).

Dampfturbine

Dampfturbine, 3500 kW, AEG, 1935

In modernen Dampfturbinen wird die Energie stetig strömenden Dampfes – zumeist Wasserdampf – in einer oder mehreren Stufen in mechanische Arbeit umgewandelt. Ein Vorläufer der Dampfturbine ist die *Äolipile* – wörtlich: Windpresse – Herons von Alexandria aus der Mitte des 1. Jh., bei der Dampf auf eine drehbar gelagerte Metallkugel zu- und durch zwei abgewinkelte Stutzen ausströmte und dabei die Kugel durch Rückstoß in Bewegung setzte. Um 1480 schlug Leonardo da Vinci eine Vorform der Dampfturbine als selbsttätigen Bratenwender vor. Die Konstruktion beruhte auf demselben Prinzip wie die durch aufsteigende Wärme bewegte Weihnachtspyramide. 1883 entwickelte der Schwede Patrik de Laval eine Dampfturbine mit einem Laufrad, das mit einer größeren Anzahl von Schaufeln versehen war. Aus Düsen strömte der Dampf mit hoher Geschwindigkeit auf die Schaufeln und setzte so das Rad in Bewegung. Die Turbine wurde zumeist als Antrieb für Pumpen eingesetzt, lief aber für die meisten anderen Anwendungen zu schnell. Die hohen Drehzahlen konnten später durch ein Getriebe reduziert werden. Dynamomaschinen in Elektrizitätswerken erforderten am Ende des 19. Jahrhunderts den Einsatz schnellaufender Kraftmaschinen, wobei sich Materialprobleme und hohe Präzisionsanforderungen zunächst noch als Hindernisse erwiesen. 1884 erhielt der englische Ingenieur Charles A. Parsons ein Patent auf eine Dampfturbine. Die Turbine wies verschiedene Druckstufen auf; der Dampf durchströmte mehrere auf der Turbinenwelle sitzende Laufräder. Die stufenweise Entspannung ermöglichte die Nutzung einer insgesamt größeren Druckdifferenz. Die dank eines Untersetzungsgetriebes erreichten niedrigen Drehzahlen erlaubten eine direkte Kupplung von Turbine und Generator zur Stromerzeugung. Außer in Kraftwerken wurde die Dampfturbine auch als Schiffsturbine – 1894 lief das erste turbinenangetriebene Schiff, die «Turbinia», vom Stapel – und in turbinengetriebenen Lokomotiven eingesetzt. Die Dampfturbine übertraf rasch den Wirkungsgrad von Dampfmaschinen, gegenüber denen sie auch in Hinsicht auf die Laufruhe deutliche Vorzüge aufwies. Als Schiffsantrieb machte sie dem Dieselmotor Konkurrenz.

Literatur: Aurel Stodola, *Dampf- und Gasturbinen* (repr. 5. Aufl. 1922, Einf. Hans-Joachim Braun, 1986) – Rolf Ostendorf, *Dampfturbinen-Lokomotiven* (1971). – Hans-Ulrich Niemitz, *Dampfturbinenkonstruktion bei der Brown Boveri AG & Cie.* (1993).

Automobil

War im 19. Jahrhundert die Eisenbahn der entscheidende «Motor» des wirtschaftlichen Wachstums und der Mobilität, trifft ähnliches auf das Automobil im 20. Jahrhundert zu. Als Vorläufer kann der 1770 vorgestellte Dampfwagen des französischen Artillerieoffiziers Nicolas Joseph Cugnot gelten, der als Zugmaschine für Artilleriefahrzeuge dienen sollte, sich aber nicht bewährte. 1885 konstruierte Carl Friedrich Benz den ersten dreirädrigen Kraftwagen, der, im Gegensatz zu früheren, mit einem Motor versehene Kutschen, bereits die Einheit von Fahrgestell und Motor erkennen ließ; 1886 bauten Gottfried Daimler und Wilhelm Maybach den ersten vierrädrigen Kraftwagen mit einem Otto-Viertaktverbrennungsmotor. Luftreifen, die Erfindung des Spritzdüsenvergasers durch Wilhelm Maybach 1893, die 1899 patentierte Kraftübertragung mittels Kardanwelle sowie die Einführung der Boschschen Magnetzündung zu Beginn des 20. Jahrhunderts waren wichtige Stationen der weiteren Entwicklung. 1900/01 baute Wilhelm Maybach in der «Daimler Motoren Gesellschaft» in Cannstadt den ersten «Mercedes», ein Automobil, welches mit einer Kutsche kaum noch etwas gemein hatte. Er bildete den Prototypen des modernen Automobils mit einer Standardbauweise, die bis in die 1970er Jahre dominant blieb. Handelte es sich bei den Kraftfahrzeugen der ersten Jahre noch um Einzelfertigungen, so führte Henry Ford mit seinem «Modell T» die erste Revolution in der Automobilindustrie durch. 1908 begann er in Detroit mit der Massenproduktion seines «Modell T» – genannt Tin Lizzy – das ab 1913 in Fließbandfertigung hergestellt wurde. Bis 1927 verkaufte er etwa 15 Millionen Exemplare. Wurde das Kraftfahrzeug in den 1920er Jahren in den USA zu einem weit verbreiteten Konsumgut, so blieben, nicht zuletzt aufgrund geringerer Kaufkraft, die Kunden in Europa noch zurückhaltend. Der vielen potentiellen Autobesitzern im «Dritten Reich» in Aussicht gestellte «Kraft durch Freude»-Wagen, der spätere Volkswagen, blieb in der Zeit der nationalsozialistischen Herrschaft zwar zunächst ein Wunschtraum, wurde aber in den 1950er und 1960er Jahren in der Bundesrepublik Deutschland zum Symbol für das Wirtschaftswunder. Galt das Automobil in dieser Zeit noch als Ausdruck ungebremsten Wachstums, so führten seit den späten 1960er Jahren Diskussionen über Umweltbelastung und die Ölpreiskrisen der 1970er Jahre, vor allem aber der Erfolg der Japaner bei kleineren Autos, zum Bau kleinerer und mittlerer Kraftfahrzeuge. Anfang der 1970er begann in Japan die zweite Revolution in der Automobilindustrie; nun wurden Automobile in «schlanken» Produktionsprozessen «just in time» gebaut. Dieses System erforderte in besonderem Maße Planung und Kontrolle des Produktionsprozesses und verstärkten Industrierobotereinsatz. Trotz der hohen Bedeutung der Automobilproduktion für die Volkswirtschaft der Industrienationen dürfen gleichwohl die besorgniserregenden Konsequenzen für die Umwelt nicht übersehen werden.

Literatur: Erik Ackermann, *Vom Dampfwagen zum Auto* (1981). – Olaf von Fersen (Hg.), *Ein Jahrhundert Automobiltechnik. Personenwagen* (1986). – Heidrun Edelmann, *Vom Luxusgut zum Gebrauchsgegenstand. Die Geschichte der Verbreitung von Personenkraftwagen in Deutschland* (1989). – Richard von Frankenberg, Hans-Otto Neugebauer, *Geschichte des Automobils* (1999). – Kurt Möser, *Geschichte des Autos* (2002).

Aluminium für die Automobilproduktion. Aluminiumwerk Nachterstedt, Sachsen-Anhalt, 2002

Zwar handelt es sich bei Aluminium um das in der Erdkruste am häufigsten vorkommende Metall, doch tritt es nirgendwo in reiner Form auf. 1821 entdeckte man in Les Baux, Südfrankreich, den für die Aluminiumgewinnung wichtigsten Ausgangsstoff, das Bauxit, ein vor allem aus Tonerde bestehendes Mineral. 1825 gelang es dem dänischen Chemiker und Physiker Hans Christian Ørsted, das Metall in reiner Form darzustellen; er nannte es Aluminium. Nachdem der Chemiker Robert Wilhelm Bunsen 1852 Aluminium im Wege der Elektrolyse hergestellt hatte, begründeten der Amerikaner Charles Martin Hall und der Franzose Paul L. T. Héroult 1886 unabhängig voneinander mit der elektrolytischen Gewinnung von Aluminium die moderne Aluminiumtechnik. Sie bereiteten reine Tonerde (Aluminiumoxid) aus Bauxit auf, lösten sie und unterzogen sie der Elektrolyse. Dabei wurden die positiv geladenen Aluminiumionen in flüssiger Form an der Kathode abgeschieden. Allerdings war der Stromverbrauch bei diesem Verfahren äußerst hoch. Wegen der erheblichen Produktionskosten wurde Aluminium zunächst nur für hochwertige Geräte wie chirurgische Instrumente oder Ferngläser verwendet. Mit dem Aufkommen der Luftschiffahrt Ende des 19. Jahrhunderts stieg der Bedarf an Aluminium als dem wichtigsten Leichtmetall rasch an; die Herstellungskosten sanken. 1907 entwickelte der Chemiker und Ingenieur Alfred Wilm mit dem Duraluminium eine hochfeste Aluminiumlegierung, welche die Vorzüge von Festigkeit und Leichtigkeit in sich vereinte. Vor allem im Luftschiff- und Flugzeugbau fand dieses Metall weite Verbreitung. 1953 entstand in Pittsburgh ein 125 m hoher Wolkenkratzer mit Außenwänden und Stockwerkdecken aus Aluminium. Heute ist Aluminium ein bevorzugter Werkstoff in allen Bereichen der Technik, in denen es auf Leichtigkeit und hohe Festigkeit ankommt.

Literatur: Ernst Rauch, *Geschichte der Hüttenaluminiumindustrie in der westlichen Welt* (1962). – Hans Joliet (Hg.), *Aluminium. Die ersten hundert Jahre* (1988). – Werner Schäfke u. a. (Hg.), *Aluminium. Das Metall der Moderne* (1991).

Coca-Cola

Die Zusammensetzung liest sich nüchtern: Wasser, Zucker, Kohlensäure, Lebensmittelfarbstoff E150d (Zuckerkulor), Säuerungsmittel: Phosphorsäure, Aroma, Koffein. Alles zusammen ergibt in einer bestimmten, immer noch geheim gehaltenen Mischung ein Gebräu, das schon fast zu einem Mythos geworden ist – Coca-Cola. Erfolgreiche Werbung hat es vermocht, dieses Getränk zum unverzichtbaren Bestandteil eines erstrebenswerten Lebensstils zu erklären. Die Anfänge von Coca-Cola stellen sich eher unspektakulär dar. 1886 entwickelte John Stith Pemberton, ein Drogist aus Atlanta, USA, einen Sirup als Mittel gegen Kopfschmerzen, Müdigkeit und Depressionen. Es sollte das Morphium ablösen, welches unerwünschte Nebenwirkungen hervorrief. Neben Kolanüssen enthielt der Sirup auch Koffein und Kokain als Extrakt aus den Blättern der Kokapflanze. Pemberton setzte dem Sirup Sodawasser zu und verkaufte das Getränk ab Mai 1886. Es wurde bald zu einem Verkaufsschlager. Den Namen Coca-Cola – gewählt nach den Zutaten Kokablatt und Kolanuß – gab ihm wahrscheinlich Pembertons Buchhalter Frank M. Robinson. Kurz darauf erwarb der Unternehmer Asa G. Candler die Rechte an diesem Getränk und gründete 1892 die Coca-Cola Company. Nachdem die suchterzeugende Wirkung von Kokain immer offensichtlicher wurde, verwendete man die Kokablätter aus Geschmacksgründen zwar weiterhin, entzog ihnen aber zuvor das Kokain. 1884 wurde Coca-Cola zum ersten Mal in Flaschen abgefüllt; 1916 kam die bekannte Coca-Cola-Bauchflasche auf den Markt. Die ersten Coca-Cola-Automaten wurden in Deutschland 1930 aufgestellt; 1950 erfolgte in den USA die Abfüllung des Getränks in Dosen. Mit dem Kauf des Medienkonzerns Columbia Pictures im Jahre 1982 stieg die Firma in das Geschäft mit Kabelfernsehen und Heimvideos ein, was die Werbemöglichkeiten für ihr Produkt erleichterte. 1982 kam die «Diät Coke» auf den Markt; 1985 entwickelte Coca-Cola die erste Weltraumdose für den Space Shuttle Raumflug und heute ist Coca-Cola die bekannteste Marke der Welt.

Literatur: Ulf Biedermann, *Coca-Cola. Ein amerikanischer Traum* (1985). – Mark Pendergast, *Für Gott, Vaterland und Coca-Cola* (1993).

Schallplatte

Nach längeren Versuchen gelang es dem amerikanischen Erfinder Thomas Alva Edison im Jahre 1877, mit seinem Phonographen ein Gerät zur Speicherung und Wiedergabe von Schallereignissen zu bauen. Dabei wurden Schallschwingungen von einem spitzen Stift in eine Stanniol- oder Wachsschicht, die auf einem rotierenden Zylinder aufgetragen war, eingeritzt. Zur Wiedergabe wurden die Rillen vom Stift abgetastet und über eine Membran in Schallschwingungen zurückverwandelt. Edison plante, seine Erfindung als Diktiergerät oder als «Buch für Blinde» einzusetzen, doch standen die schlechte Tonqualität und der hohe Preis der Wachszylinder einer weiten Verbreitung im Wege. 1887 ersetzte der in den USA lebende Hannoveraner Emil Berliner den Wachszylinder durch die Schallplatte. Für seine früheren Aufzeichnungsversuche benutzte er dazu eine Glasplatte mit einer Rußschicht, in die ein von der Aufnahmemembran bewegter Schreibstift die Schallrillen einritzte. Später dienten ihm dazu mit einer Wachsschicht überzogene Zinkblechscheiben. Von der Platte konnte ein Kupferabzug hergestellt werden, von dem dann weitere Platten gepreßt wurden. Für die Schallplatte verwendete man Schellack, eine Mischung aus Baumharz, Wachsabscheidungen der Lackschildlaus und Ruß. Bei den Schallplattenaufnahmen bis zum Beginn der 1920er Jahre wurden die Schallereignisse in Trichtern aufgefangen und einer Membran zugeleitet, die eine Rille in das Aufnahmewachs schnitt. Mitte der 1920er Jahre ersetzte das elektro-akustische Aufnahmeverfahren das mechanisch-akustische. Nun wurden die Schallschwingungen nicht in mechanische, sondern über ein Mikrophon in elektrische Schwingungen umgesetzt. Ab 1925 setzte sich dieses Verfahren, das zu besseren akustischen Resultaten führte, in der Schallplattenindustrie durch. Größere Schallplatten und niedrigere Umdrehungszahlen verlängerten die Spieldauer der Schallplatten; Vinyl ersetzte ab 1948 das grobkörnige Schellack. Stereoplatten, auf die der englische Ingenieur Alan D. Blumlein 1931 ein Patent anmeldete, setzten sich ab Mitte der 1950er Jahre durch. Die Compact Disc, 1979 erfunden und 1982 eingeführt, arbeitete nach einem anderen Prinzip. Hier wurden analoge Tonsignale in digitale Impulse umgesetzt, die in winzigen Vertiefungen (Pits) auf der Compact Disc gespeichert wurden. Ein Laserstrahl tastete die Folge der Vertiefungen berührungsfrei ab und ein Digital-Analog-Konverter verwandelte sie wieder in analoge Schallsignale. Die CD bietet eine längere Spieldauer und, zumindest nach Ansicht der meisten Konsumenten, eine höhere Tonqualität als die Langspielplatte.

Literatur: Walter Haas, *Das Jahrhundert der Schallplatte. Eine Geschichte der Phonographie* (1977). – Günther Große, *Von der Edisonwalze zur Stereoplatte* (1989). – Jürgen K. Lang, *Das Compact Disc Digital Audio System* (1996).

Dieselmotor

Die meisten Erfindungen des 19. Jahrhunderts beruhten weitgehend auf der Empirie; wissenschaftliche Methoden mit Hypothesenbildung und systematischer Versuchsanordnung spielten eine relativ geringe Rolle. Dies trifft auch auf den Verbrennungsmotor, zum Beispiel den Ottomotor, zu, nicht jedoch auf den Dieselmotor. Bei diesem versuchte ein Erfinder, eine theoretische Vorstellung in die Praxis umzusetzen. Rudolf Diesel hatte in Vorlesungen seines akademischen Lehrers Carl Linde von dem thermodynamischen Kreisprozeß des französischen Naturwissenschaftlers Sadi Carnot gehört, mit dem der Wirkungsgrad einer Kraftmaschine – bei damaligen Dampfmaschinen bestenfalls 5 Prozent – erheblich gesteigert werden konnte. Diesel setzte sich zum Ziel, diesem «idealen», theoretisch erreichbaren Wirkungsgrad möglichst nahe zu kommen. Sein Motor, auf den er 1893 ein Patent erhielt, unterschied sich von den herkömmlichen Verbrennungsmotoren in verschiedener Hinsicht: hohe Luftverdichtung im Zylinder, Selbstzündung des Kraftstoff-Luft-Gemisches, Verwendung von Schweröl, das einen höheren Siedepunkt, aber eine niedrigere Zündtemperatur als Benzin aufweist. Es stellte sich bald heraus, daß es schwierig war, dem Carnotschen Ideal nahe zu kommen. Konstruktive Probleme und unzureichende Werkstoffe standen dem Anliegen Diesels, eine «Kraftmaschine des Volkes» zu bauen, zunächst entgegen. Doch förderten die Maschinenfabrik Augsburg (später M. A. N.) und Friedrich Krupp seine Bemühungen, so daß er 1897 den Prototypen des Dieselmotors vorstellen konnte. Der große Anteil, den Diesels Mitarbeiter an der Entwicklung des Motors hatten, zeigt einmal mehr, daß die Einführung technischer Neuerungen zumeist

Gemeinschaftsarbeiten sind, eine Tatsache, die bei der publikumswirksamen Fokussierung auf «große Persönlichkeiten» oft übersehen wird. Auch hatte der Dieselmotor um 1910 mit dem Motor von Diesels Patent 1893 wenig gemein. Zunächst vorwiegend stationär eingesetzt, wurde nun auch seine mobile Verwendung möglich. Zweitaktmotoren für besonders hohe Leistungen hatten schon während des Ersten Weltkrieges die 2000 kw-Grenze überschritten. Zu Beginn der 1920er Jahre erreichte der Wirkungsgrad des Dieselmotors etwa 35 Prozent gegenüber 28 Prozent beim Ottomotor und nur 12 Prozent bei der Dampfmaschine. Heute dienen mittlere und große Diesel zur Stromversorgung in Kraftwerken und zum Antrieb von Lokomotiven sowie Schiffen; kleinere und mittlere Motoren werden in Kraftfahrzeugen, bei Schleppern, in Bau- und Landmaschinen und als Kraftmaschinen im Kleingewerbe eingesetzt.

Literatur: Eugen Diesel, *Diesel. Der Mensch, das Werk, das Schicksal* (1937). – Rudolf Diesel, *Die Entstehung des Dieselmotors* (1913, mit techn.-hist. Einf. von Hans-Joachim Braun, 1984). – Donald E. Thomas, *Diesel. Technology and Society in Industrial Germany* (1987). – Hans-Jürgen Reuß, *Hundert Jahre Dieselmotor* (1993).

Kino

Der Film macht sich die Trägheit des menschlichen Auges zunutze. Auge und Gehirn ziehen eine schnelle Folge von Einzelbildern zu Bewegungen zusammen. Der Brite Edweard Muybridge nahm 1870 mit mehreren Kameras den Bewegungsablauf eines galoppierenden Pferdes auf, 1888 machte der Franzose Etienne-Jules Marey Reihenaufnahmen vom Flügelschlag fliegender Vögel; um 1890 begann der amerikanische Erfinder Thomas Alva Edison mit seinen Arbeiten am Kinetoskop, einem Guckkasten, in dem man kurze Filme betrachten konnte. Es war mit einem Elektromotor, einer Glühlampe als Lichtquelle sowie einem perforierten Film von 35 mm Breite ausgestattet und wurde von seinem Mitarbeiter William K. L. Dickson entwickelt. Das Kinetoskop kam 1894 auf den Markt und erfreute sich bald großer Beliebtheit. Auf dieser Grundlage bauten die französischen Brüder Auguste und Louis Lumière im gleichen Jahr einen Vorführapparat, mit dem sie etwa einminütige Filmstreifen zeigten. Filmvorführungen längerer Filme fanden bald darauf in Theatern und Varietés statt; in den europäischen Großstädten wurden kurz danach besondere Kinematographietheater eingerichtet. Im Jahr 1919 gab es in Berlin bereits über 200 Kinos mit über 80 000 Plätzen. Um auf die lästigen Zwischentitel im Stummfilm verzichten zu können, wurde in den zwanziger Jahren der Tonfilm eingeführt. Geeigneter als der Versuch, Film und Schallplatte miteinander zu synchronisieren, erwies sich seit den späten 1920er Jahren der Lichtton, bei dem Helligkeitsschwankungen auf der Tonspur mittels Fotozelle abgetastet wurden. Neben den Tonfilm trat als Neuerung in den 1930er Jahren der Farbfilm, und 1935 kam der erste abendfüllende Farbfilm in die amerikanischen Kinos. Ein Meilenstein in der Geschichte des Kinos stellte die Uraufführung von «Vom Winde verweht» im Jahr 1939 dar. Vor allem in der Zeit des Bolschewismus und Faschismus wurde der Film zu Propagandazwecken eingesetzt. Die Konkurrenz des Fernsehens führte in den frühen 1950er Jahren zur Entwicklung von Breitwandfilmen, etwa CinemaScope, bei dem durch eine besondere Linse der Film bei der Aufnahme in der Horizontalen zusammengepreßt und bei der Wiedergabe durch die Vorführoptik wieder entzerrt wird. Heute beherrschen große Multiplex-Kinos mit Dolby Digital Tonanlagen die Szene, doch behaupten sich hier und da auch kleinere Programmkinos mit einem anspruchsvollen Filmprogramm gegenüber der Massenware.

Literatur: Steve Neal, *Cinema and Technology* (1985). – Werner Faulstich (Hg.), *Fischer Filmgeschichte. 100 Jahre Film 1895–1995* (5 Bde., 1990-1995). – Thomas Koebner, *Reclams Sachlexikon des Films* (2002).

Röntgengerät

Bei medizinischen Anwendungen erzeugen Röntgengeräte Abbildungen des Körperinneren. 1869 entdeckte der Physiker Wilhelm Hittorf die Kathodenstrahlen. 1895 fand der deutsche Physiker Wilhelm Conrad Röntgen bei Experimenten heraus, daß diese Strahlen verschiedene Materialien, so auch menschliches Gewebe, durchdringen können. Röntgen nannte die Strahlen zunächst X-Strahlen und fertigte zum Nachweis ihrer Existenz eine Röntgenaufnahme seiner eigenen Hand an. Eine spätere Aufnahme zeigte einen Gewehrlauf, in dem eine fehlerhafte Wandungsstelle zu erkennen war. So fand die Röntgentechnik neben der medizinischen Diagnostik und Therapie auch in der zerstörungsfreien Werkstoffuntersuchung Anwendung. 1901 erhielt er für diese Entdeckung den ersten Physiknobelpreis. 1902 ge-

W. C. Röntgen machte diese Aufnahme im Jahr 1896.

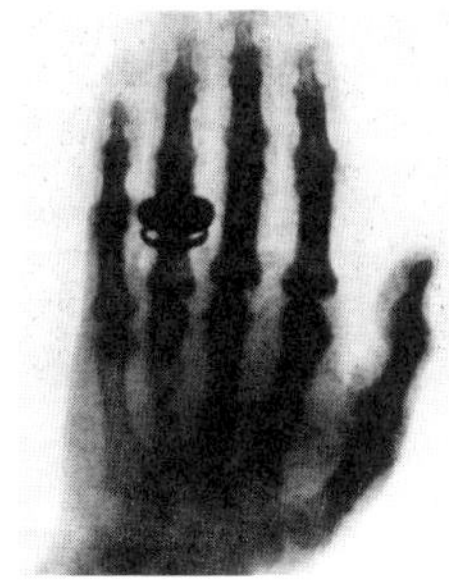

lang es Guido Holzbach und Robert Kienböck, die Dosis der Röntgenstrahlung zu messen und somit die wissenschaftlichen Voraussetzungen für die Strahlentherapie zu schaffen. 1904 wurden Patienten erstmals Kontrastmittel zur besseren Erkennung der Organe auf Röntgenaufnahmen verabreicht. Allerdings wiesen 1905 Abraham Buschke und Ludwig Halberstädt die Schädigung der Keimdrüsenfunktion durch Röntgenstahlen nach. Vorrichtungen wie Bleischirme, -schürzen und -handschuhe schützen zwar Patienten und Ärzte vor gefährlichen Hautverbrennungen, doch traten immer noch weitere Schädigungen durch Röntgenstrahlung auf. Die Entwicklung der Hochvakuum-Röntgengeräte durch den Amerikaner William Coolidge 1913 ermöglichte eine erhebliche Reduzierung der Bestrahlungsdauer. 1930 sorgte die Drehanodenröhre von Alessandro Brouwers für eine bessere Zeichnungsschärfe; im gleichen Jahr erzielte der Italiener A. Vallebona erste verwertbare Erfolge mit schichttomographischen Röntgenaufnahmen. 1936 kamen Röntgenleuchtschirme auf, die bald für Reihenuntersuchungen zur Erkennung von TBC-Fällen Einsatz fanden. In den 1950er Jahren wurde die Problematik der schädlichen Wirkung von Röntgenstrahlen wieder aufgegriffen. Die Siebbestrahlung ermöglichte eine gefahrlose Verabreichung höherer Strahlendosen. Mitte der 1970er Jahre leitete die Computer-Tomographie in Großbritannien eine neue Epoche der Röntgendiagnostik ein.

Literatur: Otto Glaser, *Wilhelm Conrad Röntgen und die Geschichte der Röntgenstrahlen* (3. Aufl. 1995). – Norbert Lossau, *Röntgen. Eine Entdeckung verändert unser Leben* (1995). – Angelika Schedel, *Der Blick in den Menschen. Wilhelm Conrad Röntgen und seine Zeit* (1995).

Reißverschluß

Um den zeitaufwendigen Vorgang des Zuknöpfens von Kleidungsstücken zu beschleunigen, erfand Elias Howe, der Erfinder der Nähmaschine, 1851 den ununterbrochenen Kleiderverschluß. Er bestand aus Haken, die auf Rippen liefen und von einer Verbindungsschur zusammengehalten wurden. Funktionsprobleme standen der Verbrei-

Geschlosssener Reißverschluß

tung dieses Kleiderverschlusses entgegen. Die Idee, eine Kette von Haken durch die Bewegung eines einzigen Führungsteils zu verbinden, stammt von dem amerikanischen Ingenieur Whitcomb Judson, der 1893 den Prototyp eines Hakenverschlusses für Stiefel präsentierte. Allerdings erwies sich dieser Verschluß, der häufig blockierte und sich von selbst öffnete, als wenig benutzerfreundlich. Ende des 19. Jahrhunderts ersetzte der in Schweden geborene amerikanische Elektroingenieur Otto Frederick Gideon Sundback die problematischen Haken durch Klemmbacken, die durch die Auf- und Abwärtsbewegung ineinander- und wieder auseinandergedrückt wurden. Nach Anlaufschwierigkeiten bei der Vermarktung nutzte das amerikanische Militär zu Ende des Ersten Weltkrieges dieses Prinzip, weil so Schwimmwesten und Fliegerjacken schnell zu schließen waren. 1923 brachte die amerikanische Firma B. F. Goodrich Überschuhe mit einem Gleitverschluß, dem «Zipper», auf den Markt. 1951 ließ sich der Schweizer Ingenieur George de Mestral den Klettverschluß patentieren. Er hatte herausgefunden, daß die scheinbar gerade endenden Stacheln der Klette an ihrer Spitze winzige elastische Häkchen tragen. Kommen diese mit den winzigen Schlingen eines Stoffes in Kontakt, so haken sie sich darin fest. Der Klettverschluß erfreute sich im folgenden steigender Beliebtheit.

Literatur: Henry Petroski, *Messer, Gabel, Reißverschluß* (1994). – Helga Hager, *Auf und zu. Von Knöpfen, Schnüren, Reißverschlüssen* (1994). – Robert Friedel, *Zipper. An Exploration in Novelty* (1994).

Staubsauger

Wollte man sich zu Beginn des 20. Jahrhunderts eines Staubsaugers bedienen, so war dies eine mühsame Angelegenheit. Blasebalg-Staubsauger, bis etwa 1910 gebaut, erhielten ihren Anrieb durch menschliche Tretbewegungen. Druckluftgetriebene Staubsauger saugten den Staub nicht auf, sondern verteilten ihn gleichmäßig auf dem Teppich. Als funktionell günstiger erwies sich der Vakuum-Staubsauger, auf den der Engländer Hubert Cecil Booth 1901 ein Patent nahm.

«Protos»-Staubsauger, Katalogwerbung, um 1925

Dieser Staubsauger arbeitete mit einer von einem Benzinmotor angetriebenen riesigen Vakuumpumpe, die den Staub in einen mit Filtern versehenen Behälter hineinzog. Diese Anlage konnte auf ein Pferdefuhrwerk montiert oder in den Kellerräumen von Häusern wohlhabender Bürger installiert werden; die zu reinigenden Wohnräume waren nur mit Hilfe langer Schläuche zu erreichen. Der Elektromotor ermöglichte ab etwa 1900 die Verkleinerung zum Handstaubsauger. Diese mußten zwar noch mit einem kleinen Karren durch das Haus gezogen werden, doch entwickelte der Amerikaner James Murray Spangler 1908 einen tragbaren Staubsauger, der von dem Fabrikanten William H. Hoover in Serie gebaut wurde. Spangler setzte statt der Vakuumpumpe einen leichteren und kleineren Ventilator ein. Die zunehmende Verwendung von Teppichböden, die den Einsatz eines Teppichklopfers unmöglich machte, förderte die Verbreitung von Staubsaugern. 1932 kam der erste in Deutschland produzierte Bürst- und Klopfstaubsauger auf den Markt. Um die Anwendungsmöglichkeiten dieser Reinigungsmaschinen zu erweitern, entwickelten einige Firmen Zusatzgeräte wie Bohnerbürsten oder Sonderdüsen, die eine Nutzung als Haartrockner oder sogar Zerstäuber von Desinfektionsmitteln ermöglichten. Ein Höhepunkt in der Geschichte dieses Haushaltsgeräts ist Loriots Satire vom Staubsaugervertreter der Marke «Heinzelmann», der die Hausfrau mit dem Slogan überzeugt: «Es saugt und bläst der Heinzelmann, wo Mutti sonst nur saugen kann.»

Literatur: Arbeitsgemeinschaft Hauswirtschaft e. V. und Stiftung Verbraucherinstitut (Hg.), *Haushaltsträume. Ein Jahrhundert Technisierung und Rationalisierung im Haushalt* (1990). – Christoph Glauser, *Einfach blitzsauber. Die Geschichte des Staubsaugers* (2001).

Flugzeug

Der Traum vom Fliegen ist alt und reicht bis in die antike Sagenwelt zurück. Ihm liegt die Idee der Imitation des Vogelflugs zugrunde, die auch der Naturwissenschaftler und Künstler Leonardo da Vinci um

Orville Wright führt am 4. September 1909 auf dem Tempelhofer Feld sein Doppeldecker-Flugzeug vor.

1500 mit seinem «Ornithopter» in die Tat umsetzen wollte. Zwar erwies sich sein Versuch, schlagende Flügel zu verwenden, als nicht zielführend, doch stellte sich eine andere Idee dieser Zeit, nämlich den Gleitflug der Vögel zu imitieren, als für den Flugzeugbau zukunftsweisend heraus. Hatte Ende des 18. Jahrhunderts George Caley in Großbritannien mit Modellen starrflügliger Flugapparate experimentiert, so legte der Ingenieur Otto Lilienthal durch seine systematischen Versuchsflüge im Zeitraum 1891-96 die Grundlage für den Segelflug. 1903 führten die amerikanischen Brüder Wilbur und Orville Wright mit ihrem von einem 12 PS-Benzinmotor angetriebenen Doppeldecker «Flyer» den ersten Motorflug von 12 Sekunden Dauer durch. Schon vor dem Ersten Weltkrieg interessierten sich auch die Militärs für Flugzeuge. Stand zunächst ihre Funktion als Aufklärer im Vordergrund, so wurden bald damit auch Bomben transportiert. 1915 stellte der deutsche Flugzeugkonstrukteur Hugo Junkers mit dem freitragenden Eindecker J-1 das erste Ganzmetallflugzeug her. Obwohl es dem Holzflugzeug – zunächst zumindest nur theoretisch – überlegen war, setzte sich das Metallflugzeug erst in den 1930er Jahren durch. Der Erste Weltkrieg brachte mit fast 200 000 produzierten Flugzeugen zumindest quantitativ den Durchbruch in der Fliegerei. Mit dem Tiefdecker F-13 schuf Hugo Junkers 1919 den Grundtyp des heutigen Verkehrsflugzeugs. In den 1920er Jahren gelang die Atlantiküberquerung auf dem Luftwege, wobei besonders der Nonstopflug des Amerikaners Charles A. Lindbergh von New York nach Paris 1927 weltweit große Beachtung fand. 1931 baute Lockheed in den USA das erste Verkehrsflugzeug mit einziehbarem Fahrwerk. Die in den 1930er Jahren erfolgreichsten Flugzeuge waren die zweimotorige Douglas DC-3 «Dacota» und die dreimotorige Junkers Ju-52. Während des Zweiten Weltkriegs wurde die Serienproduktion von Strahlflugzeugen eingeführt, die sich bald darauf auch in zivilen Versionen durchsetzten. Seit längerem befinden sich utopisch anmutende «Nurflügelflugzeuge» sowie Flugzeuge mit in der Richtung veränderlichen Düsen (Senkrechtstarter) in der Erprobung.

Literatur: Ludwig Bölkow (Hg.), *Ein Jahrhundert Flugzeuge* (1990). – Kurt Streit, John Taylor, *Geschichte der Luftfahrt* (1990). – Roger D. Launius (Hg.), *Innovation and the Development of Flight* (1999).

Elektronenröhre

Die Erfindung der Elektronenröhre steht am Beginn der technischen Elektronik. Bei Elektronenröhren sind zwei Eigenschaften besonders wichtig: Elektronen fliegen in einer Vakuumröhre stets von der negativen Elektrode (Kathode) zur positiven (Anode). Die Intensität des Elektronenstroms ist weitgehend steuerbar. Der Grundgedanke der Elektronenröhre liegt darin, mit schwachen elektrischen Signalen einen stärkeren Elektronenstrom zu steuern und somit eine Signalverstärkung zu erreichen. Die Entwicklung der Elektronenröhre begann 1858, als Julius Plücker und Heinrich Geißler eine hermetische Glasröhre mit Niederdruckgasfüllung und Elektroden an beiden Enden konstruierten. Legte man an diese eine Spannung an, so wurde das Gas ionisiert und glühte in einer spezifischen Farbe auf. Gleichzeitig floß zwischen den Elektroden Strom. 1884 beobachtete der amerikanische Erfinder Thomas Alva Edison die «elektrische Ventilwirkung» einer in einem Glaskolben eingeschmolzenen Metallplatte, die darauf beruhte, daß Strom nur in eine Richtung fließen kann. Der englische Physiker Ambrose Fleming griff diese Beobachtung auf und stellte 1904 die Zwei-Elektronenröhre (Diode) vor. 1906 fügte der amerikanische Elektrotechniker Lee de Forest zwischen Kathode und Anode noch eine dritte Elektrode, das «Gitter», ein. Es verstärkte den zwischen Kathode und Anode fließenden Strom und machte die Elektronenröhre zur «Triode». Auch der Wiener Physiker Robert von Lieben, der sich 1906 mit der Verstärkung elektrischer Wechselspannungen beschäftigte, benutzte dazu eine gasgefüllte Elektronenröhre. De Forests «Triode» setzte sich aber durch, weil sie geringe Abmessungen mit großer Verstärkerwirkung verband. Sie wurde vor allem zur Verstärkung in der Telephonie eingesetzt und ermöglichte später die Entwicklung der Fernsehtechnik. 1897 hatte der Würzburger Physiker Ferdinand Braun mit seiner «Braunschen Röhre» herausgefunden, daß mit Kathodenstrahlröhren der zeitliche Verlauf elektrischer Schwingungen sichtbar gemacht werden kann. Die Zeit der stromfressenden, heißen Elektronenröhren ging 1947 mit der Erfindung des Transistors zu Ende. Gleichwohl finden heute noch Elektronenröhren aufgrund ihrer Fähigkeit, bei Hochfrequenz hohe Leistungen zu erzeugen, in der Fernseh-, Radar- und Funktechnik ein breites Anwendungsgebiet.

Literatur: Sogo Okamura, *History of Electron Tubes* (1994). – Ludwig Ratheiser, *Das große Röhrenhandbuch* (1995). – Georg Spinner, *Die Elektronenröhre. Entwicklung und Geschichte* (2003).

Waschmaschine

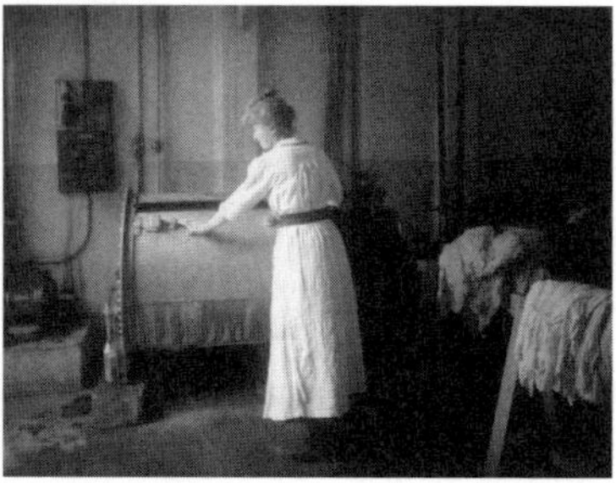

Trommelwaschmaschine in einer Wäscherei, um 1915

Erste mechanische Waschmaschinen kamen zu Beginn des 19. Jahrhunderts auf. In großen Dampfwäschereien trieben Dampfmaschinen Wasserpumpen für die Zufuhr von Frischwasser an, lieferten aber auch Antriebsenergie für andere Arbeitsgeräte. Der ausströmende Dampf konnte für Mangel- und Bügelgeräte genutzt werden. Gegen Ende des 19. Jahrhunderts erhielt die wenig bedienungsfreundliche, rauchende Dampfmaschine Konkurrenz durch den Elektromotor. 1914 erfolgten erste Versuche, die bislang noch handgetriebene Rührflügelwaschmaschine mit einem Elektromotor auszustatten. Diese, wie auch die Saugglockenwaschmaschine, bei der eine Saug- und Druckvorrichtung die Wäsche in einem Laugenbehälter auf- und abbewegte und die Reinigung durch Aneinanderreiben der Wäschestücke erfolgte, erwies sich jedoch als wenig erfolgreich. Effizienter war die Trommelwaschmaschine. Sie bestand aus dem Laugenbehälter und der Trommel, welche die Wäschefüllung enthielt. Auch hier wurde die Wäsche durch Reiben der Wäschestücke aneinander gereinigt. Die Änderung der Trommeldrehrichtung, das «Reversieren», verhinderte ein Zusammenballen und Verwickeln der Wäsche. Im Zuge der Automatisierung setzten sich in den westlichen Industriestaaten nach dem Zweiten Weltkrieg Waschautomaten durch. Vollwaschautomaten führten auch Spül- und Schleudervorgänge durch, wobei sich die Trommelwaschmaschine als wirksamstes und preisgünstigstes Gerät durchsetzte. Seit den 1980er Jahren fanden ökologische Faktoren bei Bau und Verwendung von Waschmaschinen stärkere Beachtung, so daß Waschmittel und Wasserverbrauch deutlich reduziert werden konnten.

Literatur: Gudrun Silberzahn-Jandt, *Wasch-Maschine. Zum Wandel von Frauenarbeit im Haushalt* (1991). – Barbara Orland, *Wäsche waschen. Technik- und Sozialgeschichte der häuslichen Wäschepflege* (1991).

Fließband

Erstes Montagefließband der Welt in der Automobilfabrik Ford, Dearborn, Michigan. Hier wurden Schwungrad-Magnetzünder für das Ford T-Modell zusammengesetzt, Foto 1911.

Im Laufe des 20. Jahrhunderts wurde das Fließband zum Symbol für ständigen Fluß in der Produktion, für die Beschleunigung und Verstetigung des Produktionsprozesses, aber auch für die Eintönigkeit der Arbeit mit erhöhter psychischer, manchmal auch physischer Anstrengung. 1785 setzte der amerikanische Mühlenbesitzer Oliver Evans ein Förderband zur Mechanisierung des Produktionsprozesses ein, wodurch Getreide stetig gehoben, gemahlen, sortiert und eingesackt wurde. 1833 verband der Leiter einer Zwiebackbäckerei im Londoner Vorort Deptford die einzelnen Schritte bei der Zwiebackherstellung für die britische Marine von der Knetmaschine bis zum Backen zu einem ununterbrochenen Transportsystem, das von einer Dampfmaschine angetrieben wurde. Henry Ford, häufig als «Vater des Fließbands» bezeichnet, nannte als sein Vorbild für die Einführung des Fließbandes in die amerikanische Automobilindustrie die Schlachthöfe und Fleischverwertungsanlagen in Chicago, in denen tote Tiere an sich vorwärts bewegenden Deckenschienen tranchiert wurden. Zu Beginn des 20. Jahrhunderts waren die Deckenschienen zu regelrechten Gleisanlagen verbunden. Das Fließband bildete einen Spezialfall in der Fließproduktion, die schon vor dem Ersten Weltkrieg verbreitet war. Kennzeichen waren das Arbeiten im Takt und die Reduzierung ursprünglich komplexer Tätigkeiten auf immer gleichbleibende Handgriffe. Das von Henry Ford 1913 in die Automobilindustrie eingeführte Fließband reduzierte die Durchlauf- und Wartezeiten und ermöglichte einen einigermaßen exakt planbaren Materialverbrauch sowie eine höhere Produktivität. Die Tatsache, daß der Einsatz von Fließbändern bei der Fertigung gleichartiger Güter in großen Serien sinnvoll ist, verweist gleichzeitig auf einen wichtigen Nachteil: relativ geringe Flexibilität bei der Änderung des Produktionsprogramms. Deshalb wurden unter anderem in Deutschland schon in den 1920er Jahren bei kleineren Serien flexible Massenproduktionssysteme, «Wechselfließfertigung», eingeführt, bei der Mehrzweck- statt Einzweckwerkzeugmaschinen dominierten. Heute wird auf Fertigungsinseln die zentrale Zuweisung der Aufträge mit einer dezentralen, eigenständigen Steuerung des Produktionsprozesses kombiniert. Eine Weiterentwicklung der Fließfertigung stellt die vollständige Automatisierung der Arbeitsgänge mit Transferstraßen dar. Sind hier mehrere Maschinen oder maschinell gesteuerte Anlagen in einer Fertigungslinie verbunden, so steuert bei flexibler Fertigung ein Computer die miteinander verketteten Einzelmaschinen (CAM: *Computer Aided Manufacturing*).

Literatur: David A. Hounshell, *From the American System to Mass Production* (1985). – Jürgen Bönig, *Die Einführung von Fließbandarbeit in Deutschland bis 1933* (2 Bde., 1993).

Roboter

1920 sprach der tschechische Schriftsteller Karel Čapek in einem Drama von «Robotern», menschlichen Arbeitsmaschinen, abgeleitet von dem slawischen Begriff *rabota* (Arbeit). Industrieroboter sind Automaten, die nach entsprechender Programmierung unterschiedliche Tätigkeiten ausführen können. 1956 beantragte der Amerikaner George C. Devor ein Patent auf einen Roboter; zwei Jahre später baute die «Devol Consolidated Control Corporation» in den USA den ersten Prototypen. Anfang der 1960er Jahre stellte die Firma «Unimation» Roboter serienmäßig her. Die Industrieroboter der ersten Generation wurden von Loch- oder Magnetbändern gesteuert und besonders bei solchen Transport- und Beschickungsaufgaben eingesetzt, die für menschliche Arbeitskräfte beschwerlich oder gefährlich waren. Hielten sich diese Roboter noch strikt an ihr vor-

Roboter «Bobby» als Empfangschef des Berliner Biergartens «Oktoberfest», 1955

gegebenes Programm, so war die zweite Generation, die seit Mitte der 1970er Jahre zum Einsatz kam, bereits mit Sensoren ausgestattet, über die sie Informationen aufnahmen und mit dem gespeicherten Programm verglichen. Haupteinsatzgebiete dieser Roboter waren Schweißen, Löten, Polieren, Sandstrahlen und Farbspritzen. Bestanden anfangs in den USA und anderen westlichen Industrieländern noch Vorbehalte gegenüber den unausgereiften und störungsanfälligen Industrierobotern, so führte eine japanische Innovationsoffensive Ende der 1960er Jahre zu ihrem verstärkten Einsatz. Die etwa seit 1980 entwickelten und mit leistungsfähigeren Sensoren ausgestatteten Industrieroboter der dritten Generation, die von verbesserten Computern gesteuert wurden, konnten schwierige Montagearbeiten ausführen und sich in ihrer Umgebung orientieren. Heute erledigen Roboter vor allem Schweiß- und Montagearbeiten in der Kraftfahrzeug- und Elektroindustrie. Die Zunahme der Roboter hat dazu geführt, daß Menschen bestimmte gesundheitsschädliche Tätigkeiten – z. B. das Lackieren von Kraftfahrzeugen – nicht mehr selbst ausführen müssen, andererseits geht mit dieser Entwicklung auch der Rückgang von Arbeitsplätzen in verschiedenen Industriezweigen einher.

Literatur: Herbert Heckmann, *Die andere Schöpfung. Geschichte der frühen Automaten in Wirklichkeit und Dichtung* (1982). – Spektrum der Wissenschaft, *Roboter erobern den Alltag* (1998). – Susanne Anna, Volker Albus, *Ex machina – eine Geschichte des Roboters von 1950 bis heute* (2 Bde., 2002).

Rundfunk

Wie bei vielen anderen Erfindungen, so handelt es sich auch bei der Entwicklung des Rundfunks um einen längeren Prozeß, an dem eine größere Zahl von Naturwissenschaftlern und Ingenieuren beteiligt war. Zu nennen sind vor allem Alexander Graham Bell, der 1876 ein Patent auf das Telefon anmeldete, der deutsche Physiker Heinrich Hertz, der 1886 die Existenz elektromagnetischer Wellen nachwies,

Alexander Stepanowitsch Popow, der 1895 die Antenne erfand. 1897 gelang Guglielmo Marconi erstmals die Übertragung telegraphischer Nachrichten durch elektrische Wellen. 1901 konnte Karl Ferdinand Braun die Reichweite der drahtlosen Telegraphie durch den Kristalldetektor erweitern, der bald darauf, 1906/7, durch Lee de Forests elektronische Verstärkerröhre ersetzt wurde, welche ungleich größere Reichweiten ermöglichte. De Forest strahlte ab 1915 in den USA nächtliche Konzerte aus, und auch die Soldaten in den Schützengräben des Ersten Weltkriegs konnten, falls ihnen dazu Zeit blieb und der Sinn danach stand, im «Stellungskrieg» Radio hören. 1920 richtete die amerikanische Firma Westinghouse in Pittsburgh den ersten regelmäßigen Rundfunksender ein, der vornehmlich kommerziellen Zwecken diente. In Deutschland sendete die Hauptfunkstelle Königs Wusterhausen bei Berlin am 22. Oktober 1920 ihr erstes Konzert. 1923 richtet die Firma Vox in Berlin die erste deutsche Sendestation ein und begann Ende Oktober 1923 mit der Ausstrahlung regelmäßiger Informations- und Unterhaltungssendungen. Hatten sich in den 1920er Jahren die Rundfunkanstalten in Deutschland noch zu parteipolitischer Neutralität verpflichtet, so änderte sich dies mit der nationalsozialistischen «Machtergreifung» am 30. Januar 1933. Der Reichspropagandaminister Joseph Goebbels veranlaßte den Bau des ersten «Volksempfängers», von dem zur Eröffnung der Funkausstellung in Berlin am 18. August 1933 bereits eine Million verkauft waren. 1938 folgte ein besonders preisgünstiger Kleinempfänger, der unter der Bezeichnung «Goebbelsschnauze» traurige Berühmtheit erlangte. Die Erfindung des Transistors 1947 verdrängte die Röhrentechnik rasch aus den Radioempfängern, die nun kompakter und leichter transportabel wurden. Obwohl dem Hörfunk durch das Fernsehen bald ein harter Konkurrent erwuchs, blieb er bis heute ein unverzichtbares Medium zur Information und Unterhaltung.

Literatur: Heide Riedel, *60 Jahre Radio* (2. Aufl. 1987). – Siegfried Hermann u. a., *Der deutsche Rundfunk* (1994). – Susan Douglas, *Listening In. Radio and the American Imagination* (1999). – Hans-Jürgen Krug, *Radiolandschaften* (2002). – Ralf Ketterer, *Funken – Wellen – Radio. Zur Einführung eines technischen Konsumartikels durch die deutsche Rundfunkindustrie 1923-1939* (2003). – Wolfgang König, *Volkswagen, Volksempfänger, Volksgemeinschaft* (2004).

Fernsehempfänger für die 90-Zeilen-Bilder der Deutschen Reichspost, 1932

Die Nutzung der Elektrizität im 19. Jahrhundert legte auch den Versuch nahe, optische Informationen auf diesem Wege zu übertragen. 1843 schlug der schottische Uhrmacher Alexander Bain vor, Texte in Zeilen zu zerlegen und den Helligkeitswert punktweise abzutasten. Paul Nipkow, Student der Naturwissenschaften in Berlin, entwickelte 1884 zu diesem Zweck die ‹Nipkowscheibe›, eine Spirallochscheibe. Mit Hilfe einer Selenzelle und eines Lichtrelais sollten optische in elektrische Signale um- und danach zurückverwandelt werden. Allerdings lieferte die Selenzelle einen zu schwachen Strom, und Verstärker standen noch nicht zur Verfügung. Doch hatte Nipkow in seiner Patentschrift bereits die wichtigsten Elemente des späteren Fernsehens genannt: die Zerlegung des Bildes in nacheinander zu übertragende Bildpunkte, die Übertragung dieser Bildpunkte in Zeilen und die Übertragung bewegter Vorgänge in Reihenbildern. 1906/07 versuchte der russische Erfinder Boris L. Rozing, wegen fehlender Verstärker allerdings mit geringem Erfolg, die Braunsche Röhre für Fernsehzwecke einzusetzen. 1925 entwickelte der deutsche Physiker Manfred von Ardenne zusammen mit Sigmund Loewe die Mehrfachröhre «3NF», einen Dreiröhrenverstärker, und führte 1930 eine Fernsehanlage mit Braunscher Röhre in Sender und Empfänger vor. In den USA strahlten ab 1932 Versuchsstationen Fernsehprogramme aus. In Großbritannien waren zunächst Militär und Regierung an dieser Technik interessiert, konnten doch die empfindlichen Kathodenröhren bei feindlichen Luftangriffen auch als Frühwarnsysteme genutzt werden. In Deutschland begann am 22. März 1935 der erste regelmäßige Programmdienst; 1936 wurden in Berlin zwanzig öffentliche Fernsehstuben errichtet, die Berichte von den Olympischen Spielen sendeten. Während des Zweiten Weltkriegs hielt sich das staatliche Interesse an der Förderung des Fernsehens in Grenzen, doch verfolgten Konstrukteure der Vergeltungswaffe «V2» in Peenemünde die Versuchsstarts im Fernsehen. Für die Luftaufklärung wurde eine Anlage mit einer Auflösung von 1029 Bildzeilen getestet.

Daran knüpften in den 1980er Jahren die – nun digitalen – Versuche des Fernsehens mit hoher Auflösung, High Definition Television (HDTV), an. Versuche mit Farbfernsehen fanden bereits auf der Deutschen Rundfunkausstellung 1937 statt. In den USA begannen Test-Farbfernsehsendungen 1951. In Europa gab es Ende der 1960er Jahre eine Konkurrenz zwischen dem französischen SECAM- und dem deutschen PAL-Verfahren, das PAL weitgehend für sich entschied. Während die technische Entwicklung dieses Mediums zu begrüßen ist, erscheinen die sozialen Auswirkungen des zunehmenden Dauerkonsums – Förderung der Passivität, vielleicht auch der Gewalttätigkeit besonders bei Jugendlichen – besorgniserregend.

Literatur: Wilhelm Keller, *Hundert Jahre Fernsehen 1883-1983* (1983). – David E. Fisher, Marshall Jon Fisher, *Tube. The Invention of Television* (1996). – Albert Abramson, *Die Geschichte des Fernsehens, 1880-1941* (2002).

EKG und EEG

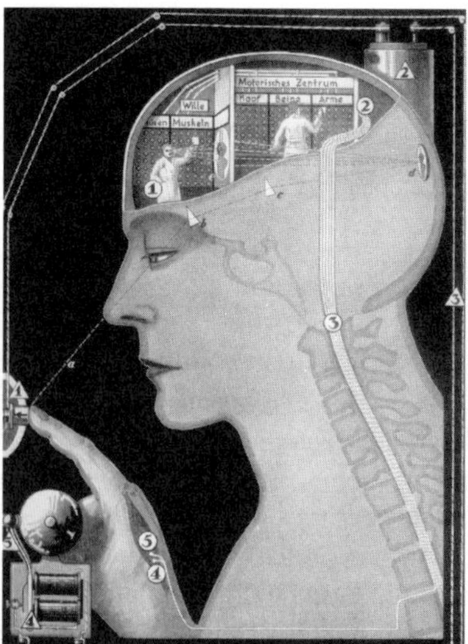

Muskel- und Klingelleitung in ihrer fünfteiligen Übereinstimmung, 1927

Mit der Nutzung der Elektrizität im 19. Jahrhundert entstand das Bedürfnis, elektrische Abläufe im Körper durch entsprechende Kurven zu registrieren. Bereits um 1760 hatte der Italiener Luigi Galvani die Wirkung elektrischer Ströme auf Menschen beschrieben, und 1843 konnte der italienische Physiologe Carlo Matteucci die elektrischen Eigenschaften der Muskelbewegungen nachweisen. 1876 gelang es schließlich dem französischen Physiologen Etienne Jules Marey, mit Hilfe eines Elektrometers die elektrischen Signale des Herzens aufzuzeichnen. Allerdings arbeitete sein Gerät sehr ungenau. Mit dem Einsatz eines Saitengalvanometers anstelle des Mareyschen Kapillarelektrometers überwand der niederländische Physiologe Willem Einthoven 1906 diese Schwierigkeiten. Sein Saitengalvanometer bestand aus einer zwischen zwei magnetischen Polen angebrachten silberüberzogenen Saite. Jedes Ende der Saite war mit einem flüssigkeitsgefüllten Gefäß verbunden. Die elektrischen Potentialschwankungen des Herzens wurden auf die zwischen den beiden Magneten hin und her oszillierende Saite übertragen. Ein Projektionsmikroskop zeichnete die Schwankungen auf einer photographischen Platte auf. Seit 1918 war auf diese Weise ein Herzinfarkt im EKG diagnostizierbar. Nach 1945 traten an die Stelle von Photopapier Thermoschrift oder Flüssigkeitsschreiber, und die Übertragung leistete ein Oszillograph. Einen wesentlichen Fortschritt in der EKG-Diagnostik erreichte Norman J. Holter, der 1961 die Bandspeicher-Elektrokardiographie einführte, mit der EKG-Daten über einen längeren Zeitrum hin aufgezeichnet und analysiert werden konnten. Heute ermöglichen leistungsfähige Computer die Erstellung einer rechnergestützten Online-Diagnose. Die Elektroenzephalographie (EEG), mit der die elektrische Aktivität im Gehirn gemessen wird, geht auf den Jenaer Psychiater Hans Berger zurück. 1924 gelang es ihm, mit Hilfe von Metallelektroden, die über den Kopf verteilt wurden, und dem Saitengalvanometer Hirnströme zu registrieren. Veränderungen des EEG liefern Hinweise auf pathologische Prozesse.

Literatur: Rolf Winau (Hg.), *Technik und Medizin* (1993). – Ewald Konecny, Volker Roelcke, Burghard Weiss (Hg.), *Medizintechnik im 20. Jahrhundert* (2003).

Radar

Radar, vom englischen «radio detecting and ranging», beruht auf dem Reflektionseffekt gerichteter elektromagnetischer Wellen, die, von einem Gegenstand zurückgeworfen, wieder empfangen werden können. Aus der Zeit- oder Frequenzdifferenz zwischen gesendetem und wieder aufgefangenem Signal kann man Richtung und Entfernung des georteten Objekts ermitteln. Mit kürzerer Wellenlänge wächst die Genauigkeit der Messung. 1900 schlug der amerikanische Erfinder Nikola Tesla vor, reflektierte Radiowellen zu nutzen, um Kollisionen in der Seefahrt zu vermeiden. Ihre Reichweite von einem Kilometer war aber zu gering. Auch die späteren Versuche Guglielmo Marconis fanden keine praktische Umsetzung. Dieser hatte immerhin die Reichweite der Wellen dadurch erweitern können, daß er kei-

Parabolantenne des Radargeräts «Würzburg Riese», um 1941

ne kontinuierlichen Wellen, sondern Wellenimpulse, die eine höhere elektrische Energie aufweisen, aussandte. Zu Beginn der 1930er Jahre unternahmen vor allem britische Naturwissenschaftler und Ingenieure große Anstrengungen, die Reichweite des Radars zu erhöhen. 1934 konnten Radargeräte 24 km entfernte Flugzeuge orten; 1935 war dies bereits aus 90 km möglich. 1936 wurde in Deutschland das erste Radargerät «Freya» für die Luftabwehr fertiggestellt, 1938 das noch leistungsfähigere Gerät «Würzburg». In Großbritannien begann die Regierung 1938, eine Kette von Radarstationen aufzubauen. Um jedoch eine genauere Funkpeilung zu erreichen, mußte man zu kürzeren Wellen und somit höheren Frequenzen übergehen. Das neu entwickelte Magnetron mit Hohlraumresonator war in dieser Hinsicht der herkömmlichen Elektronenröhre deutlich überlegen. Sein Einsatz führte zur Entwicklung des Panoramagerätes, das eine Radarrundumsicht ermöglichte. 1941 erlangte es in Großbritannien und den USA Serienreife. Die auf diesem Gerät basierende Radarortung erlaubte eine effektive Bekämpfung der deutschen U-Boot-Waffe. Bald nach Ende des Zweiten Weltkriegs fand das Radar Eingang in die zivile Schiffahrt, die Flugsicherung und die Wettervorhersage. Elektronische Datenverarbeitung und Computertechnik erweiterten danach die Anwendungsmöglichkeiten des Radars beträchtlich – unter anderem auf automatisierte Verkehrs- und Sicherungssysteme.

Literatur: Frank Reuter, *Funkmeß: Die Entwicklung und der Einsatz des RADAR-Verfahrens in Deutschland bis zum Ende des Zweiten Weltkrieges* (1971). – Louis Brown, *A Radar History of World War II* (1999). – Brigitta Godt, *Aspekte der Radarentwicklung und -anwendung im Zweiten Weltkrieg* (2003).

Tonbandgerät

Anders als bei den frühen Phonographen werden beim Tonbandgerät Schallwellen nicht mechanisch in einen Tonträger geschrieben, sondern elektromagnetisch gespeichert. Um 1900 baute der dänische Erfinder Valdemar Poulsen ein «Telegraphon», das Schallereignisse mit

Hilfe magnetisierter Stahlbänder aufzeichnete und vor allem als Diktiergerät dienen sollte. Einer breiteren Anwendung standen mehrere Gründe entgegen: starkes Grundrauschen der Tonträger, geringer Frequenzumfang, niedrige Lautstärke sowie hohe Laufgeschwindigkeit des Drahtes mit entsprechend hohem Drahtverbrauch. 1928 schlug der deutsche Erfinder Fritz Pfleumer die Verwendung eines Papierbandes mit Eisenpulverschicht als Speichermaterial vor. Papier erwies sich zu diesem Zweck zwar als wenig geeignet, doch begann die I. G. Farben 1932 mit Laborversuchen zur Herstellung von Kunststoff (Acetylzellulosebändern) mit Eisenpulverbeschichtung; 1935 führte die AEG das Tonbandgerät «K1» vor. Für den militärischen Einsatz, etwa zur Kriegsberichterstattung, wurden spezielle Tonbandgeräte entwickelt. Das 1940 von den deutschen Elektroingenieuren Walter Weber und Hans Joachim von Braunmühl vorgestellte Verfahren zur Hochfrequenzvormagnetisierung reduzierte das lästige Bandrauschen. Außer einer längeren Laufzeit bot das Tonbandgerät gegenüber der Schallplatte weitere Vorteile: Das Band konnte montiert, geschnitten und gelöscht werden und wies einen geringeren Abnutzungsgrad auf. Als Konserve tat es zunächst den Rundfunkanstalten und später auch den privaten Tonbandliebhabern gute Dienste. Mit verminderter Bandgeschwindigkeit und wirksamen Verfahren zur Rauschunterdrückung wurde das Betreiben von Tonbandgeräten preisgünstiger und komfortabler. 1963 erweiterte die Erfindung der Kompaktkassette die Einsatzmöglichkeiten. Das 1987 eingeführte Digitaltonband (DAT: Digital Audio Tape) ermöglichte eine längere Spieldauer, verbunden mit hoher Aufnahme- und Wiedergabequalität, setzt sich aber nur schwer durch.

Literatur: Eric D. Daniel, C. Denis Mee, Mark H. Clark (Hg.) *Magnetic Recording. The First 100 Years* (1999). – David Morton, *Off the Record. The Technology and Culture of Sound Recording in America* (2002).

Rakete

Naturwissenschaftlich ausgedrückt, handelt es sich bei einer Rakete um einen Flugkörper mit Strahlantrieb, der den Vortrieb durch Abstoßung von Masse erzeugt. Ihre Anfänge hängen eng mit der Entwicklung des Schießpulvers zusammen. Wahrscheinlich verwendeten die Chinesen bereits im 12. Jahrhundert Feuerwerkskörper, die, mit Brandsätzen ausgerüstet, auch als Waffe dienten. Verbürgt ist ihr Ein-

Robert H. Goddard mit der von ihm entwickelten ersten Flüssigkeitsrakete der Welt; Erstflug: 16. März 1926

satz in der Schlacht bei Kaifeng im Osten Chinas 1232. Mongolen und Araber brachten die Rakete nach Europa, wo sie jedoch bald durch die aufkommenden Feuerwaffen verdrängt wurde. Zu Beginn des 19. Jahrhunderts entwickelte der britische General Sir William Congreve Raketen, die er in Indien kennengelernt hatte. Seine durch Schwarzpulver angetriebenen, bis zu 130 kg schweren Brandraketen wurden von Lafetten abgeschossen und hatten eine Reichweite von 2500 m. Mit der Verbesserung der Kanonen verloren sie aber bald ihre militärische Bedeutung. Mit dem Traum, «Die Rakete zu den Planetenräumen» zu bauen, wie es der Raketenpionier Hermann Oberth 1923 formulierte, erwachte das Interesse an Raketen erneut. 1926 gelang dem Amerikaner Robert Hutchins Goddard der Start einer Flüssigkeitsrakete, die im ersten Versuch allerdings nur eine Flughöhe von 13 m erreichte, 1935 aber bereits 2300 m. 1937 begannen die Arbeiten zur militärischen Nutzung von Raketen auf dem Versuchsgelände Peenemünde an der Ostsee unter Leitung des 25jährigen Ingenieurs Wernher von Braun. Im Oktober 1942 konnte nach zahlreichen Fehlstarts der erfolgreiche Start der ersten Flüssigkeitsgroßrakete «A4» – auch «V2», «Vergeltungswaffe 2», genannt – durchgeführt werden. Sie war kreisel- oder funkgesteuert, erreichte eine Geschwindigkeit von 5500 km/h und beförderte eine Ladung von fast einer Tonne Sprengstoff über eine Distanz von 520 km. Obwohl sie den Ausgang des Zweiten Weltkrieges nicht mehr entscheidend beeinflussen konnte, richtete sie an den Zielorten in Großbritannien großen Schaden an. Nach dem Krieg wurde die Rakete sowohl in den USA als auch in der Sowjetunion mit deutscher Hilfe als militärische Waffe und für die Raumfahrt weiterentwickelt. 1957 brachte die Sowjetunion den ersten künstlichen Satelliten – Sputnik – auf eine Erdumlaufbahn. 1958 folgte der erste US-Satellit; ein Team um Wernher von Braun, nun Leiter des US-Forschungsprogramms, hatte die dazugehörige Rakete entwickelt. Der militärisch-psychologische Sputnikschock trieb die USA bald darauf zur Entwicklung eines umfangreichen Raketen- und Weltraumprogramms. Infolgedessen gelang es dem US-Amerikaner Neil Armstrong 1969 als erstem Menschen, den Mond zu betreten. 1979 stieg die im Auftrag der Europäischen Weltraumbehörde ESA entwickelte «Ariane»-Rakete auf. Künstliche Satelliten dienen heute vor allem der genauen Wettervorhersage und der Kommunikation. Seit 1981 ist mit dem GPS («Global Positioning System») die Navigation durch Satellit möglich.

Literatur: Werner Buedeler, *Geschichte der Raumfahrt* (2. Aufl. 1982). – Michael J. Neufeld, *Die Rakete und das Reich. Wernher von Braun, Peenemünde und der Beginn des Raketenzeitalters* (1997). – Gerhard H. R. Reisig, *Raketenforschung in Deutschland* (1999). – Günter Siefarth, *Geschichte der Raumfahrt* (2001).

Strahltriebwerk

Zwar konnten mit Kolbenmotor und Propeller ausgerüstete Jagdflugzeuge Mitte der dreißiger Jahre in der militärischen Luftfahrt 750 km/h erreichen, doch stieg bei hoher Geschwindigkeit der Luftwiderstand am Propeller stark an, während der Wirkungsgrad entsprechend abnahm. Eine höhere Geschwindigkeit hätte nur mit bedeutend stärkeren Motoren, höherem Treibstoffverbrauch und höherem Gewicht erreicht werden können. Strahltriebwerke, dies war einigen Ingenieuren bereits um 1930 klar, bei denen nach dem Prinzip der Gasturbine Luft verdichtet und mit Brennstoff entzündet wurde, würden dem Kolbenmotor vorzuziehen sein: Die Turbine arbeitet in einem stetigen Prozeß, der sich von dem intermittierenden Prozeß beim Kolbenmotor unterscheidet; auch kann sie eine größere Leistung ohne Vibration erzeugen. Mitte der 1930er Jahre begannen daraufhin der deutsche Physiker Hans-Joachim Pabst von Ohain und der britische Luftwaffenoffizier Frank Whittle, unabhängig voneinander, mit der Entwicklung des Strahltriebwerks. Allerdings standen der raschen Realisierung verschiedene Probleme, vor allem die Frage nach einem für hohe Temperaturen geeigneten Werkstoff, entgegen. Obwohl Whittle 1936 ein Patent auf ein Strahltriebwerk erhielt, fand er in England wenig Unterstützung. Pabst von Ohain hingegen wurde von dem deutschen Flugzeugkonstrukteur und Fabrikanten Ernst Heinkel gefördert. Der erste deutsche Strahljäger, die He-178, startete einige Tage vor Ausbruch des Zweiten Weltkrieges zu ihrem Jungfernflug; Whittle war im Mai 1941 mit seinem Düsenflugzeug «Gloster

Meteor» erfolgreich. Bald nach Kriegsbeginn subventionierte das deutsche Reichsluftfahrtministerium den Bau von Strahltriebwerken und Düsenflugzeugen mit erheblichen Summen. Die Messerschmitt Me-262, der erste serienmäßig gebaute Strahljäger, flog zum ersten Mal im Juli 1944, war aber, ähnlich wie andere neu entwickelte Waffen, im Zweiten Weltkrieg nicht kriegsentscheidend. Nach Ende des Krieges gingen britische und amerikanische Flugzeugfirmen dazu über, auch Zivilflugzeuge mit Strahltriebwerken auszurüsten. 1952 startete das britische Düsenverkehrsflugzeug De Havilland «Comet», 1957 die amerikanische Boeing 707. Das Überschallpassagierflugzeug «Concorde», seit 1976 eingesetzt, wurde Ende 2003 wegen mangelnder Rentabilität außer Dienst gestellt.

Literatur: Kyrill von Gersdorff, Kurt Grassmann, Helmut Schubert, *Flugmotoren und Strahltriebwerke* (1981). – Reinhard Müller, *Junkers Flugtriebwerke. Vom Flugdiesel zum Strahltriebwerk* (2004).

Container

Ein Containerschiff wird im Container-Hafen Bremerhaven mit Hilfe von Verladekränen beladen, 2003

Seit jeher war es das Bestreben des Menschen, Waren und Güter beim Transport vor Schäden durch Stoß und Feuchtigkeit zu schützen. Insbesondere das Holzfaß spielte hier eine wesentliche Rolle; es kann als Vorläufer des Containers angesehen werden. Zu Beginn des 20. Jahrhunderts führte aber der hohe Arbeitsaufwand bei Umladung, Lagerung und Transport zur Suche nach alternativen Möglichkeiten. Um 1940 entwickelte der amerikanische Spediteur Malcolm P. McLean einen einheitlichen Frachtbehälter zum Transport von Gütern auf LKW und Schiffen. In Europa leistete die Deutsche Bundesbahn Pionierarbeit beim Containerverkehr. Zu Beginn der 1950er Jahre entwickelte sie in Zusammenarbeit mit verschiedenen anderen europäischen Eisenbahngesellschaften ein Konzept für den Transport genormter Großbehälter auf Schiene und Straße. Malcolm McLean ließ 1956 den umgebauten Tanker «Maxton» als erstes Containerschiff in See gehen. Containerschiffe verbreiteten sich danach rasch; wegen kurzer Umschlagzeiten, großer Ladekapazität und hoher Geschwindigkeit ersetzte ein Schiff zwei bis drei herkömmliche Frachter. 1965 begann der regelmäßige Containerfrachtverkehr über den Atlantik. Bald wurden große Containerladeplätze und neuentwickelte Krananlagen zur Verladung der Container in den Häfen notwendig. Das schnelle Wachstum des Containerfrachtverkehrs erforderte eine internationale Normung der Frachtbehälter, die 1956 in den ISO-Normen festgelegt wurde. Da sich das Beladen und Entladen solcher Container zur Automatisierung anboten, benötigen heutige Containerterminals nur noch wenig Arbeitskräfte.

Literatur: Hans-Jürgen Witthöft, *Container. Eine Kiste macht Revolution* (2000). – Hans-Joachim Braun (Hg.), *Seetransport in Geschichte und Gegenwart* (2005).

Kernreaktor

Im Rahmen des amerikanischen «Manhattan Projekts», das 1942 aufgenommen wurde, verfolgten die USA das Ziel, eine Atombombe zu bauen, die den Zweiten Weltkrieg entscheiden sollte. Die am 6. August 1945 über Hiroshima und drei Tage später über Nagasaki abgeworfenen amerikanischen Atombomben haben allerdings den Krieg nicht entschieden – dies war bereits vorher geschehen –, ihn aber beendet. Die Erkenntnisse der Atombombenkonstrukteure flossen zwar in die zivile Nutzung der Kerntechnik ein, doch waren wichtige naturwissenschaftliche Vorarbeiten zum Bau von Kernreaktoren bereits um die Wende zum 20. Jahrhundert geleistet worden: 1903 entdeckten die englischen Naturwissenschaftler Ernest Rutherford und Frederick Soddy, daß beim Zerfall von Atomen Energie freigesetzt wird, die bei schweren Elementen, etwa Uran, gewaltige Ausmaße erreichen kann. Ende 1938 beschossen die beiden deutschen Naturwissenschaftler Otto Hahn und Fritz Straßmann Uranatomkerne mit Neutronen und riefen so eine Kernspaltung hervor. Mit dem bald darauf erfolgten Nachweis, daß sich bei diesem Prozeß Spaltneutronen freisetzen, war die Möglichkeit einer sich selbst erhaltenden Kettenreaktion gegeben. Nach dem Zweiten Weltkrieg setzte die Forschung zur schnellen Anwendung der Kernenergie ein. Versuchsreaktoren wurden 1947 in Großbritannien und 1948 in Frankreich gebaut; 1954 wurde der erste Leistungsreaktor in Obninsk nahe Moskau in Betrieb genommen; zwei Jahre später folgte ein Großkraftwerk in Calder Hall in Großbritannien. Besondere Bedeutung erlangten in der Folgezeit sogenannte Leichtwasserreaktoren, deren Bezeichnung auf die darin verwendeten Kühlmittel zurückzuführen ist. Sie wurden in zwei Varianten – dem Druckwasserreaktor und dem Siedewasserreaktor – eingesetzt. Beim Druckwasserreaktor wird Wasser unter hohem Druck als Moderator – Moderatoren bremsen die bei Kernspaltungen freigesetzten Neutronen auf eine zur Spaltung weiterer Uranatome geeignete Geschwindigkeit ab – und als Kühlmittel verwendet. Der Siedewasserreaktor arbeitet mit niedrigerem Druck. Der im Reaktorbehälter erzeugte Dampf wird unmittelbar zum Turbinenantrieb verwendet. Beim Siedewasserreaktor ist nur ein Kreislauf vorhanden, auch hat der Reaktor den sicherheitstechnischen Vorteil des niedrigeren Drucks. Der nur eine Kreislauf bringt allerdings den Nachteil mit sich, daß radioaktiver Wasserdampf in den Turbinenteil gelangt. In den 1950er und 1960er Jahren wurden Kernkraftwerke oft als Mittel angesehen, alle Energieversorgungsprobleme der Gegenwart und Zukunft zu lösen. Nach verschiedenen Reaktorunfällen – Three Mile Island bei Harrisburg, Pennsylvania, 1979, und besonders Tschernobyl, Ukraine, 1986 – befindet sich die Nutzung der Kernenergie in einigen Ländern auf dem Rückzug. Gegner nennen die Gefahr weiterer Reaktorunfälle, das letztendlich nicht gelöste Problem der Endlagerung abgebrannter Kernbrennstäbe und die Möglichkeit der Anwendung als Ausgangsmaterial für Kernwaffen. Befürworter verweisen auf den hohen Sicherheitsstandard vor allem westlicher Kernkraftwerke, die Umweltbelastung durch Kohlekraftwerke und den niedrigen Wirkungsgrad ressourcenschonender Energieträger.

Literatur: Joachim Radkau, *Aufstieg und Krise der deutschen Atomwirtschaft, 1945–1975* (1983). – Wolfgang D. Müller, *Geschichte der Kernenergie in der Bundesrepublik Deutschland* (3 Bde., 1990, 1996, 2001). – Stephen E. Atkins, *Historical Encyclopedia of Atomic Energy* (2000).

Die elektrische Großrechenanlage ENIAC, gebaut 1945 an der Universität von Pennsylvania von John Presper Eckert und John W. Mauchly

In Umfragen nach den wichtigsten technischen Neuerungen des 20. Jahrhunderts wird zumeist der Computer an erster Stelle genannt. Und in der Tat: Seit der zweiten Hälfte des 20. Jahrhunderts hat der Computer unser gesellschaftliches, wirtschaftliches und kulturelles Leben maßgeblich beeinflußt. Wie so viele andere technische Neuerungen des 20. Jahrhunderts – Radar, Strahltriebwerk, Rakete, Kernreaktor – so geht auch die Entwicklung des Computers teilweise auf militärische Interessen zurück. Schon 1833 konstruierte der britische Mathematiker Charles Babbage seine «Analytical Engine», die das Berechnen nautischer Tabellen für die Schiffsnavigation erleichtern sollte. Die Eingabe der Daten sollte über Lochkarten, der Antrieb über eine Dampfmaschine erfolgen. Doch ohne elektrische Bauelemente war die Maschine zu langsam, zu unzuverlässig und zu teuer. Bis zur Mitte der 1930er Jahre beruhten alle Überlegungen, eine Rechenanlage zu bauen, auf dem Dezimalsystem. Im Jahre 1938 kam der deutsche Bauingenieur Konrad Zuse zu der Erkenntnis, daß digitale Rechenanlagen und ein binäres Zahlensystem vorteilhafter seien, weil sie nur mit zwei Werten – null und eins oder, beim Schalten, «ein» und «aus» arbeiteten. Seine Forschungen wurden vom deutschen Reichsluftfahrtministerium bezahlt, das die von ihm entwikkelten Rechner zur Ermittlung möglichst günstiger aerodynamischer Werte ferngesteuerter Bomben verwendete. 1944 formulierte John von Neumann, ein amerikanischer Mathematiker ungarischer Herkunft, die Grundidee der Programmspeicherung im Computer. 1950 kam der erste programmierbare Rechner auf den Markt. Die Entwicklungsgeschichte des elektronischen Computers kann man in verschiedene Generationen einteilen, die sich nach der Technik der eingesetzten Bauelemente richten. Die erste Generation wird durch den von den Amerikanern John Presper Eckert und John W. Mauchly Ende des Zweiten Weltkrieges entwickelten ENIAC («Electronic Numerical Integrator and Calculator») charakterisiert. Die beiden Ingenieure hatten von der amerikanischen Armee den Auftrag erhalten, einen leistungsfähigen Rechner für die Berechnung von Schießtabellen zu bauen. Für heutige Verhältnisse kam ein wahres Ungetüm dabei heraus: 17468 Elektronenröhren, etwa 1500 Relais, und das alles auf einer Grundfläche von 140 m^2. Die zweite Computergeneration ab Mitte der 1950er Jahre war mit Transistoren und Dioden bestückt und leitete den von nun an ungebrochenen Trend zur Miniaturisierung und Beschleunigung ein. Die dritte Generation seit den frühen 1960er Jahren wurde durch Monolith-Schaltglieder bestimmt, kleinen Schaltelementen, welche die Stromwege verkürzen und die Verarbeitungsleistungen steigern. 1971, als die vierte Computergeneration begann, kam der erste Taschenrechner auf den Markt; im gleichen Jahr konnten hochintegrierte Schaltkreise (Chips) eingesetzt werden. Nachdem 1976 Steven P. Jobs und Stephan G. Wozniak in den USA den ersten PC gebaut hatten, hielten Personalcomputer Einzug in die Büros. Seit 1990 gibt es Laptops. Die Computer der fünften Generation sind mit zahlreichen Mikroprozessoren und ihnen zugeordneten Speichern ausgestattet. Als Entwicklungstendenzen zeichnen sich Verbesserungen multimedialer Informationsdarstellung und -verarbeitung und natürlich-sprachliche Kommunikation mit dem Computer ab.

Literatur: Edgar P. Vorndran, *Die Entwicklungsgeschichte des Computers* (2. Aufl. 1986). – Bettina Heintz, *Die Herrschaft der Regel. Zur Grundlagengeschichte des Computers* (1993). – Michael Friedewald, *Der Computer als Werkzeug und Medium. Die geistigen und technischen Wurzeln des Personal Computers* (1999). – Christian Wurster, *Computer. Eine illustrierte Geschichte* (2002). – John Agar, *The Government Machine. A Revolutionary History of the Computer* (2003).

Transistor

Elektrisch leitende Kristalle (Halbleiter) wie Germanium oder Silizium sind in ihrer Leitfähigkeit durch von außen angelegte Ströme äußerst leicht beeinflußbar; schwächste Spannungen reichen aus, um sie als Schalter oder Verstärker zu nutzen. Diese Erkenntnis des britischen Physikers Alan Herries Wilson aus dem Jahre 1932 wandte der österreichisch-amerikanische Physiker Karl Lark-Horowitz im Zweiten Weltkrieg beim Bau von betriebssicheren Kristalldetektoren aus Halbleiterelementen an, die von den Alliierten in der Radar-

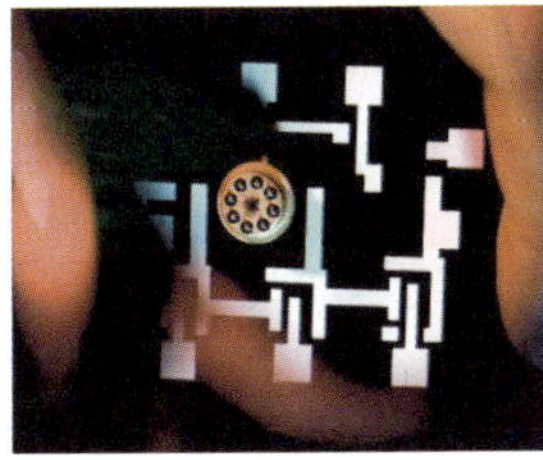

Die erste in Europa serienmäßig hergestellte integrierte Schaltung, ein Verstärker mit drei Transistoren, fünf Widerständen und einer Kristallfläche von ca. 1,5 mm² *(Aufnahme Siemens, 1965)*

technik verwendet wurden. Nach dem Krieg begannen die Bell Laboratories in den USA, Halbleiterelemente systematisch zu erforschen, um die Kristalldetektortechnik auch zivil, insbesondere bei Rundfunkgeräten, zu vermarkten. 1947 gelang es den Bell-Mitarbeitern William Shockley, John Bardeen und Walter F. Brattain, einen Germanium-Kristallverstärker zu bauen, der bald danach «Transistor» genannt wurde. Er besaß der Elektronenröhre vergleichbare Eigenschaften, war jedoch weitaus kleiner. Zur Fertigung dieser Transistoren mußten neue Verfahren entwickelt werden, welche die Reinheit des Ausgangsmaterials und des Verarbeitungsprozesses, kleinste Abmessungen und höchste Genauigkeit garantierten. Seit 1951 wurden Punkt-Transistoren in Hörgeräten eingesetzt, zeigten sich aber gegenüber Erschütterungen anfällig. Finanziert durch das amerikanische Verteidigungsministerium, das die Miniaturisierung, Gewichtsersparnis und größere Betriebssicherung von Transistoren militärisch nutzen wollte, entwickelte Shockley den effektiveren Flächentransistor. 1953/54 stellte der ehemalige Bell-Mitarbeiter Gordon Teal den ersten Silizium-Transistor vor, der dem Germanium-Transistor in seinen physikalischen und technologischen Eigenschaften überlegen war. Ab 1955 setzte die Anwendung von Transistoren in der Rechnertechnik ein; Transistorradios machten Furore. 1958 baute der amerikanische Elektroingenieur Jack Kilby aus Halbleiterelementen den ersten integrierten Schaltkreis, der den Weg zur Entwicklung des Mikrochips wies. Im Jahr 2002 wurden etwa eine Trillion Transistoren produziert.

Literatur: Ernest E. Braun, Stuart MacDonald, *Revolution in Miniature* (2. Aufl. 1986). – Michael Eckert, Helmut Schubert, *Kristalle, Elektronen, Transistoren* (1986). – Peter Robin Morris, *A History of the World Semiconductor Industry* (1990). – Andreas Fickers, *Der Transistor als technisches und kulturelles Problem* (1998).

Herzschrittmacher

Links ein Herzschrittmacher aus dem Jahre 1970, rechts ein heute verwendetes Gerät, das bei einem Gewicht von nur 20 Gramm wesentlich leistungsfähiger ist

Herzschrittmacher sind elektronische Impulsgeber zur Steuerung des Herzrhythmus. Sie werden in den Körper implantiert und bestehen aus einer kleinen Metallkapsel aus Titan sowie ein oder zwei Kabeln mit Elektroden. Die Kapsel enthält eine Batterie und einen elektronischen Schaltkreis. Elektroden, die im rechten Herzvorhof bzw. in der rechten Herzkammer enden, geben Impulse an das Herz, das darauf mit rhythmischer Kontraktion reagiert. Bei gesunden Menschen löst der, auch «Schrittmacher» genannte, Sinusknoten, der elektrische Impulse aussendet, die regelmäßige Kontraktion aus. Bei Störung des natürlichen elektrischen Leitsystems muß ein künstlicher Herzschrittmacher eingesetzt werden. Bereits in den 1930er Jahren wurde ein Apparat zur künstlichen Elektrostimulation des Herzens entwickelt. Ende der 1940er Jahre gelang es im Tierversuch, einen von außerhalb des Körpers gesteuerten Schrittmacher einzusetzen, dessen Elektroden über Venen ins Herz geführt wurden. Paul Zoll, ein Kardiologe aus Boston, entwickelte 1952 den ersten Herzschrittmacher. Das Gerät war an der Brust befestigt und schickte Stromstöße durch die Brustmuskeln, ein schmerzhaftes Verfahren, das zu Verbrennungen führte. Erst der Einsatz von Transistoren ermöglichte es, das Gerät erheblich zu verkleinern, so daß der Herzschrittmacher implantiert werden konnte. Ende 1957 entwickelte der amerikanische Elektronikingenieur Earl E. Bakken einen transistorisierten Herzschrittmacher, den der Herzchirurg C. Walton Lillehei Anfang 1958 an der Universität Minnesota einsetzte. 1958 implantierten zwei Schweden, der Ingenieur Rune Elmquist und der Arzt Åke Senning, einen Herzschrittmacher. Er war in Epoxidharz eingegossen; seine Energiequelle, eine Nickel-Cadmium-Batterie, mußte immer wieder extern aufgeladen werden. Später wurden die kleiner und leistungsfähiger werdenden Batterien in Hauttaschen am Körper untergebracht. Ab Mitte der 1960er Jahre konnten die Elektroden durch eine Vene ins Herz geführt werden. Mit der Entwicklung der Mikroelektronik war es ab 1965 möglich, Schrittmacher nur bei Bedarf zu stimulieren; ab 1972 erhöhten Lithiumjodidbatterien die Funktionsdauer der Energiequelle erheblich. Die miniaturisierten Herzschrittmacher der jüngsten Generation passen sich automatisch veränderten Befindlichkeiten des Patienten an.

Literatur: Hermann Mannebach, *Hundert Jahre Herzgeschichte* (1988). – Hans Blömer, *Der Mensch im Spannungsfeld von Medizin und Technik am Beispiel des elektrischen Herzschrittmachers* (1992). – Reinhard Hannen, *Geschichte der Herzschrittmacher (1992).* – Catherine M. Banbury, *Surviving Technological Innovation in the Pacemaker Industry, 1959–1990* (1990). – Kirk Jeffrey, *Machines in Our Hearts* (2001).

Gentechnik

Kaum ein Thema aus dem Bereich der Naturwissenschaften und der Technik wird heute so kontrovers diskutiert wie die Gentechnik. Zwar traten Fragen zur Gentechnik erst in der zweiten Hälfte des 20. Jahrhunderts ins öffentliche Bewußtsein, doch wurden die Grundlagen bereits in den 1860er Jahren gelegt. 1865 stellte der Augustinermönch Gregor Mendel seine Vererbungslehre vor. Kreuzungsversuche an Erbsen hatten ihn in den Stand gesetzt, die Vererbung von Merkmalen mit Hilfe mathematischer Regeln zu beschreiben; sie bilden auch heute noch die Basis der Vererbungslehre. 1944 wurde die Desoxyribonukleinsäure (DNS) als Trägersubstanz der Erbinformation entdeckt. Einzelne Abschnitte der DNS, die Informationen für die Ausprägung bestimmter Merkmale tragen, bezeichnet man als Gene. 1953 entdeckten die Biochemiker James Dewey Watson und Francis Crick die besondere Molekülstruktur der DNS, die Doppelhelix. 1966 konnte der genetische Code entschlüsselt werden. Den ersten gentechnisch veränderten Organismus entwarfen 1972/3 Paul Berg, Stanley Cohen und Herbert Boyer, indem sie DNS-Stücke aus verschiedenen Bakterien miteinander kombinierten und damit die Genmanipulation einleiteten. 1982 kam Insulin als erster gentechnisch produzierter Wirkstoff auf den Markt; ein Jahr später war es möglich, ein Gen aus einem Mikroorganismus auf eine höhere Pflanze zu übertragen, und 1997 wurde schließlich ein Schaf – «Dolly» – aus den Körperzellen eines anderen geklont. Die Tatsache, daß es 1985 dem Engländer Alex Jeffries erstmals gelungen war, einen «genetischen Fingerabdruck» zu identifizieren, wurde bald in unterschiedlichen Bereichen angewendet, in der Kriminologie etwa zur Tätersuche aufgrund von Tatortspuren wie Haaren, Hautresten, Speichel oder Sperma. Für therapeutische Zwecke untersucht man seit längerem die Möglichkeiten der Genkorrektur, bei der Gene ausgetauscht werden. 1990 begann in den USA das staatlich geförderte «Human Genome Project», mit dem die gesamte Erbsubstanz des Menschen entschlüsselt werden sollte. Im Jahr 2000 verkündete der amerikanische Genforscher Craig Venter, daß sein Unternehmen die DNS fast vollständig entschlüsselt habe. Die gentechnischen Konsequenzen dieser Erkenntnisse und ihre ethischen Implikationen werden noch für längere Zeit umstritten bleiben.

Literatur: Michael Emmrich (Hg.), *Im Zeitalter der Bio-Macht. 25 Jahre Gentechnik – eine kritische Bilanz* (1999). – Thomas Anthony Shannon (Hg.), *Genetic Engineering. A Documentary History* (1999). – Evelyn Fox Keller, *Das Jahrhundert des Gens* (2001). – Hans Melderis, *Geheimnis der Gene. Die Geschichte ihrer Entschlüsselung* (2001). – Werner Bartens, *Dem Leben auf der Spur* (2003).

Solarzelle

Die direkte Umwandlung der Strahlungsenergie der Sonne in Elektrizität ist ein einleuchtender und faszinierender Gedanke, dessen Umsetzung aber lange an ungenügenden Wirkungsgraden scheiterte. 1839 entdeckte der französische Physiker Alexandre Edmond Becquerel den voltaischen Effekt. Er stellte fest, daß zwischen den Elektroden seiner Elektrolytzellen, Vorläufer der Batterien, ein höherer Strom floß, wenn eine der Elektroden beleuchtet wurde. Der englische Ingenieur Willoughby Smith entdeckte 1873 die Änderung der Stromleitfähigkeit von Selen unter Lichteinwirkung. Werner Siemens entwickelte daraufhin ein Lichtmeßgerät, das diesen Effekt nutzte und später als Belichtungsmesser in Photoapparate Eingang fand. Allerdings verwandelten die Photozellen weniger als ein Prozent der einfallenden Lichtmenge in elektrische Energie. Wesentliche Neuerungen brachten erst die fünfziger Jahre des 20. Jahrhunderts, nämlich durch die Halbleitertechnik, insbesondere die Verwendung von Silizium, und durch die Raumfahrttechnik, deren Entwickler auf der Suche nach Stromquellen geringen Gewichts für ihre Satelliten waren. Hier boten sich die 1954 in den amerikanischen Bell-Laboratorien entwickelten Photoelemente auf der Basis von Silizium an, obwohl ihr Wirkungsgrad mit 6 Prozent immer noch relativ bescheiden war. Doch erreichte man bei den etwa 100 Siliziumsolarzellen, mit denen der erste US-

Satellit, «Vanguard 1», bei seinem Start am 17. März 1958 ausgerüstet war, immerhin einen Wirkungsgrad von 10,5 Prozent. Die 1970er Jahre waren durch zahlreiche Forschungs- und Entwicklungsprojekte gekennzeichnet. Vor dem Hintergrund des Ölschocks in den frühen 70er Jahren und angesichts der besorgniserregenden ökologischen Entwicklungen, die die Hochindustrialisierung mit sich brachte, erlangte die Solartechnik als mögliche Quelle sanfter Stromerzeugung Bedeutung. 1983 ging das erste Solarkraftwerk in Deutschland auf der Insel Pellworm ans Netz. 1991 entwickelten Wissenschaftler der Firma Siemens Solarzellen mit einem Wirkungsgrad von 20 Prozent. Diese absorbierten mehr Licht und wiesen weniger Verluste bei der Stromerzeugung auf als herkömmliche Solarzellen. 1997 stellte das Freiburger Fraunhofer-Institut für Solar-Energiesysteme ISE eine aus den Halbleiterverbindungen Galliumarsenid und Galliumantimonid bestehende Solarzelle mit einem Wirkungsgrad von mehr als 31 Prozent her. Im September 2004 ging schließlich das bis dahin weltweit größte Solarstrom-Kraftwerk in Espenhain bei Leipzig ans Netz.

Literatur: Heinz Reusch, *Geschichte der Nutzung der Solarenergie* (1982). – Helmut Weik, Helmut Engelhorn, *Wärme und Strom aus Sonnenergie* (1990). – Donald A. Beattie, *History and Overview of Solar Heat Technologies* (1997).

Antibabypille

Schon im alten Ägypten war die empfängnisverhütende Wirkung der Granatapfelkerne, die, wie die heutigen Ovulationshemmer, ein Östrogen enthalten, bekannt. Von hier führte ein langer Weg, gesäumt von vielfältigen Quacksalbereien, die angeblich helfen sollten, Schwangerschaften zu verhüten, zur Erkenntnis von Forschern an der Universität Göttingen gegen Ende des Zweiten Weltkriegs, daß hohe Dosen des Gelbkörperhormons Progesteron empfängnisverhütend wirken. Untersuchungen in den USA ergaben, daß die bei Progesteron auftretenden Nebenwirkungen bei anderen, synthetischen Gestagenen, die auch schwächer dosiert werden konnten, zu reduzieren waren. 1951 meldete Carl Djerassi, ein 1939 aus Österreich in die USA emigrierter Chemiker, einen Abkömmling des weiblichen Geschlechtshormons Progesteron als oral einzunehmendes Empfängnisverhütungsmittel zum Patent an. 1960 wurde die Antibabypille in den USA als erstes hormonelles Verhütungsmittel zugelassen. An ihrer Entwicklung waren die Amerikaner Gregory Pincus, ein Biologe, und John Rock, ein Gynäkologe, maßgeblich beteiligt. In Deutschland kam die erste Antibabypille am 1. Juni 1961 auf den Markt und durfte zunächst nur an verheiratete Frauen bei Vorliegen einer sozialen Indikation verschrieben werden. Die Hormondosis dieser Pillen belief sich auf ein Vielfaches der heutigen Präparate, und die Risiken und Nebenwirkungen waren nach wie vor erheblich. Trotz großer ethischer Bedenken – 1968 ächtete Papst Paul VI. in der Enzyklika *Humanae Vitae* die Pille als Mittel zur Empfängnisverhütung – setzte sich die Pille rasch durch und wurde zum Symbol der sexuellen Befreiung. Der starke Geburtenrückgang in westlichen Industrieländern («Pillenknick») ist nicht zuletzt auf die Antibabypille zurückzuführen. Die Pille hat dort maßgeblich zur Selbstbestimmung der Frauen beigetragen.

Literatur: Angus McLaren, *A History of Contraception from Antiquity to the Present Day* (1990). – Gisela Staube, Lisa Vieth (Hg.), *Die Pille* (1996). – Carl Djerassi, *Die Mutter der Pille. Autobiographie* (2001). – Beate Keldenich, *Die Geschichte der Antibabypille von 1960 bis 2000* (2002).

Mikrowellengerät

Mikrowellengeräte nutzen verschiedene Eigenschaften elektromagnetischer Hochfrequenzstrahlung aus. Mikrowellen werden von metallischen Flächen reflektiert, ohne daß es dabei zu einer nennenswerten Erwärmung käme. Behälter aus Glas, Keramik oder Kunststoff werden ohne spürbare Erwärmung dieser Materialien von Mikrowellen durchdrungen. Speisen und Wasser nehmen hingegen Mikrowellen auf und wandeln sie in Wärme um. Je wasserhaltiger die Speisen sind, desto schneller werden sie erwärmt. Wie so viele Erfindungen des 20. Jahrhunderts, so hat auch das Mikrowellengerät seinen Ursprung in der Militärtechnik, in diesem Falle in der Radartechnik. Herzstück des Mikrowellengeräts ist, wie beim Radargerät, das Magnetron, ein pulsierender Mikrowellensender. 1945 stellte Percy Spencer, ein amerikanischer Hochfrequenztechniker, fest, daß ein in seiner Tasche befindlicher Erdnußriegel in der Nähe eines eingeschalteten Magnetrons geschmolzen war. Er selbst hatte dabei keine Hitze wahrgenommen. Die Rüstungsfirma Raytheon prüfte die Vermarktungsmöglichkeiten des Mikrowellengerätes, das mit der Bezeichnung «Radarange» seine militärische Herkunft nicht verbarg.

Das 1942 als «Mammut-Mikrowellenherd» auf den Markt gebrachte Gerät machte mit gut zwei Metern Höhe und einem exorbitanten Preis seinem Namen alle Ehre, setzte sich aber nicht am Markt durch. Allerdings fanden sich verschiedene Krankenhäuser und Feldküchen als Abnehmer. Nach längerer Entwicklungszeit brachte 1965 die amerikanische «Amana Refrigeration Unit», eine Tochterfirma von Raytheon, ein viel kleineres Modell heraus, das für private Haushalte geeignet schien. Seinen Durchbruch erzielte der Mikrowellenherd vor allem durch die zahlreichen Singlehaushalte, die es vorher nicht in dieser Zahl gegeben hatte. Das Gerät verkaufte sich in den USA, Großbritannien und auch in Deutschland gut, stieß aber in Ländern mit stark ausgeprägter Eßkultur wie Frankreich oder Italien auf Vorbehalte.

Literatur: Christina Hardymant, *From Mangle to Microwave* (1988). – David E. Brown, *Inventing Modern America* (2002).

Laser

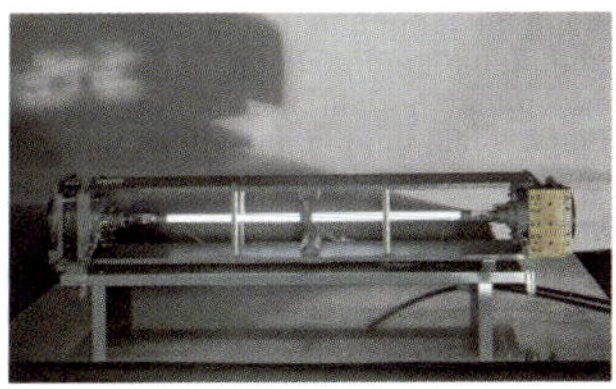

Erster Laser (Festkörper-Rubin-Laser), gebaut 1960 von T. H. Maiman, USA

Beim Begriff Laser handelt es sich um ein Akronym des englischen «Light Amplification by Stimulated Emission of Radiation» (Lichtverstärkung durch stimulierte Strahlungsemission). Anders als das Licht natürlicher oder künstlicher Lichtquellen, ist Laserlicht sehr intensiv, einfarbig und scharf gebündelt. 1917 sagte Albert Einstein den Effekt der induzierten, d. h. von außen angeregten Strahlenemission durch Atome voraus. *Induzierte Emission* besagt, daß durch Einstrahlung einer elektromagnetischen Welle Atome nicht nur zur Absorption bewegt, sondern dass ihnen auch die Emission von Strahlung «befohlen» werden kann. Auf der Suche nach verbesserten Radarortungsmethoden zeigte vor allem das amerikanische Militär Interesse an diesem Phänomen. Die amerikanischen Physiker Charles Hard Townes und Arthur Leonard Schawlow schlugen Anfang der 1950er Jahre die Nutzung von stimulierter Emissionen für die Verstärkung von Mikrowellen vor, weshalb der spätere Laser zunächst als «Maser» (M für «Microwave») bekannt wurde. Der auf diesem Prinzip beruhende Höchstfrequenzverstärker findet heute noch in Radioteleskopen Anwendung. 1960 baute der amerikanische Physiker Theodore Harold Maiman den ersten Laser, einen Rubinlaser, dessen rotes Licht zu kurzen Lichtblitzen verstärkt werden konnte. Bei den kurz danach entwickelten Laserdioden und Farbstofflasern ließ sich die Strahlenfrequenz in einem relativ weiten Bereich verändern. 1962 standen die ersten Laser-Entfernungsmesser zur Verfügung, mit denen Entfernungen von der Erde zu Satelliten genau gemessen werden konnten. Seit dieser Zeit werden auch Laserskalpelle bei chirurgischen Operationen eingesetzt. Sie arbeiten berührungsfrei und können Blutgefäße oder die Netzhaut verschweißen. Halbleiterlaser geringerer Leistung werden heute unter anderem in der Informations- und Kommunikationstechnik (Laserdrucker) und in der Unterhaltungselektronik (Compact Disc) benutzt. Hochleistungslaser könnten bei einer möglichen Kernfusion zum Einsatz kommen.

Literatur: Jost Lemmerich, *Zur Geschichte der Entwicklung des Lasers* (1987). – Horst Weber, *Laser. Eine revolutionäre Erfindung und ihre Anwendungen* (1998). – Nick Taylor, *Laser. The Inventor, the Novel Laureate and the Thirty-Year Patent War* (2000). – Theodore H. Maiman, *The Laser Odyssee* (2000).

Synthesizer

Beim Synthesizer handelt es sich um ein in vielen Varianten gebautes Musikinstrument, das mit rein elektronischen Mitteln prinzipiell beliebige Ton-, Klang- und Geräuschstrukturen erzeugen kann. Es ist auch in der Lage, zugeführte Klänge anderer Instrumente zu verarbeiten. Wesentliche Bestandteile des Synthesizers sind spannungsgesteuerte Oszillatoren, in denen elektrische Spannungen erzeugt werden, sowie Filter und Verstärker. Ein Sequenzer kann die jeweiligen Steuerspannungen in digitaler Form speichern, die dann über eine Klaviatur (Keyboard) abgerufen werden. Das erste Instrument, das beliebige Klänge synthetisieren konnte, war das 1906 von dem amerikanischen Erfinder Thaddeus Cahill gebaute Telharmonium. Hier wurden die Klänge mit Hilfe von Dynamos erzeugt, doch konnte sich das Instrument wegen seiner gewaltigen Größe und technischer Mängel nicht durchsetzen. Der Begriff Synthesizer tauchte zum ersten Mal 1955 bei einem von dem amerikanischen Elektroingenieur Harry F. Olson konstruierten Gerät zur Klangsynthese auf. Das Programm wurde auf Lochkarten gestanzt, die das gewünschte Klangereignis auslösten. 1957 baute der sowjetische Ingenieur und Armee-Oberst Evgenij Murzin einen Synthesizer mit optoelektronischer Programmierung, bei dem Photozellen die auf einem Film befindliche Ablaufsteuerung abtasteten. 1964 begründete der amerikanische Elektroingenieur Robert A. Moog die modulare Synthesizertechnik. Seine Instrumente bestanden aus Klangmodulen; der Klang wurde mit Hilfe einer Tastatur durch Spannungssteuerung erzeugt. 1970 brachte Moog den kompakten, bedienungsfreundlichen «Mini-Moog» heraus. Anfang der 1980er Jahre verband der Komponist John Chowning die Prinzipien des analogen Synthesizers mit der digitalen Klangsynthese durch den Computer; ab 1983 wurden die Instrumente mit Hilfe des Computers als Steuerungseinheit verknüpft. Synthesizer wie der Yamaha DX 7 eroberten den Markt. Während sich Synthesizer in der Popmusik großer Beliebtheit erfreuen, stoßen sie in der sogenannten ernsten Musik immer noch auf Zurückhaltung.

Literatur: Matthias Becker, *Synthesizer von gestern* (1990). – Elena Ungeheuer (Hg.), *Elektroakustische Musik* (2002). – Trevor J. Pinch, Frank Trocco, *Analog Days. The Invention and Impact of the Moog Synthesizer* (2002). – Hans-Joachim Braun (Hg.), *Music and Technology in the 20th Century* (2002).

Mikroprozessor

Beim Mikroprozessor handelt es sich im wesentlichen um einen aus einer Rechen- und Steuereinheit bestehenden Mikrorechner. Während integrierte Schaltkreise aus einer Vielzahl von miteinander verschalteten Transistoren bestehen, setzen sich Mikroprozessoren aus einer großen Zahl integrierter Schaltkreise zusammen. Integrierte Schaltungen mit zunehmender Dichte der auf einem Chip vereinigten Bauelemente und Funktionen hatten es seit Mitte der 1960er Jahre ermöglicht, zunächst Speicher- und dann ganze Rechnereinheiten und Steuerwerke auf einem Chip unterzubringen. 1971 stellte die kalifornische Firma Intel (Integrated Electronics) den Mikroprozessor als «programmierbaren Logikschaltkreis» vor. Auf einer Chipfläche von 50 mm² enthielt er 2300 Transistoren. Dieser 4-Bit-Prozessor Intel 4004 konnte Steuerungsaufgaben etwa bei Registrierkassen oder Münzwechslern übernehmen. 1973 kam der Prozessor 8080, ein 8-Bit-Prozessor, auf den Markt, der bereits zur Prozeßführung ganzer Produktionsbetriebe eingesetzt wurde und Mitte der 1970er Jahre

Eingang in den ersten Heimcomputer fand. Für komplizierte Steuerungsprogramme reichte aber seine Verarbeitungsbreite von 8 Bit nicht aus. Intel brachte daher 1978 den 16-Bit-Prozessor 8086 mit über 200 000 Transistoren und 1981 den 32-Bit-Prozessor 8036 heraus. 1981 wählte IBM den Intel 8088, dem 8086 ähnlich, als Mikroprozessor für den ersten PC aus. Heute verfügt der Intel Pentium über etwa 3,2 Million Transistoren und ist etwa tausendmal schneller als der Intel 4004 von 1971.

Literatur: Jost Halfmann, *Die Entstehung der Mikroelektronik* (1984). – Michael S. Malone, *Der Mikroprozessor. Eine ungewöhnliche Biographie* (1996). – David A. Kaplan, *Silicon Valley* (2000).

Magnetresonanztomographie (MRT)

Tomographie bezeichnet die bildliche Darstellung von Körperabschnitten, wobei im Gegensatz zur Röntgenaufnahme auch verdeckte Objekte sichtbar gemacht werden. Bei der Magnetresonanztomographie, auch Kernspintomographie genannt, wird die Kernspinresonanz genutzt, die u. a. darauf beruht, daß Wasserstoffkerne in einem Feld elektromagnetischer Wellen ganz bestimmte Frequenzen absorbieren. Bei der Untersuchung befindet sich der in einer Röhre liegende Patient im Magnetfeld eines Kernspintomographen. Ähnlich wie bei der Computertomographie mit Röntgenstrahlen, können aus der räumlichen Verteilung der Kernresonanzsignale mittels Computer Schichtbilder von Körperteilen hergestellt oder Stoffwechselvorgänge verfolgt werden. Da die MRT im Gegensatz zur Computertomographie ohne ionisierende Strahlung arbeitet, besteht kein Strahlenrisiko; eine variable Schnittführung und bessere Weichteilauflösung sind weitere Vorteile. Die Kernspinresonanz wurde 1946 erstmals von dem Amerikaner Edward Mills Purcell und dem Schweizer Felix Bloch experimentell nachgewiesen. Nach Vorarbeiten des amerikanischen Naturwissenschaftlers und Violinisten Raymond Damadian entwickelte der amerikanische Arzt und Physiker Paul C. Ledubur 1972 ein einfaches Verfahren zur ortsaufgelösten Messung der Kernresonanz. Entscheidende Fortschritte zur Beschleunigung des Untersuchungsverfahrens erfolgten 1974 bis 1979 an der Universität Nottingham. Ende der 1970er Jahre investierten Firmen auf dem Gebiet der Medizintechnik erhebliche Summen in die Entwicklung des neuen

Verfahrens. Die Qualität, vor allem der Aufnahmen des Kopfes, verbesserten sich; Tumore konnten gut erkannt werden, und die Aufnahmezeiten wurden verkürzt. Die Magnetresonanztomographie, deren frühe Bezeichnung Kernspintomographie wegen falscher Assoziationen zur Radioaktivität aus der Mode gekommen ist, stellt heute einen unverzichtbaren Bestandteil medizinischer Diagnostik dar.

Literatur: Rolf Winau (Hg.), *Technik und Medizin* (1993). – Ewald Konecny, Volker Roelcke, Burghard Weiss (Hg.), *Medizintechnik im 20. Jahrhundert* (2003). – Maximilian Reiser, Wolfhard Semmler, *Magnetresonanztomographie* (2004).

Internet

Student Internet World in Indien

Zwar wird die Telegraphie bisweilen als Vorläuferin des Internets bezeichnet, doch bestehen zwischen beiden hinsichtlich Kommunikationsdichte und -geschwindigkeit erhebliche Unterschiede. Der Anstoß zur Entwicklung des Internet kam aus dem militärischen Bereich. Der «Sputnikschock» – die Sowjetunion hatte am 4. Oktober 1957 als erstes Land einen künstlichen Satelliten in die Erdumlaufbahn gebracht – hinterließ in den USA eine tiefe Verunsicherung und führte, neben verstärkten Anstrengungen zur Raketenentwicklung, auch zu einer allgemeinen Intensivierung der Rüstungsforschung: 1958 richtete das US-Verteidigungsministerium die «Advanced Research Projects Agency» (ARPA) mit dem vorrangigen Ziel ein, neue Möglichkeiten der Kommunikation und Datenübertragung auszuloten. ARPA schlug bald darauf die Errichtung eines Rechnernetzwerks mit einem Hauptrechner im Zentrum und einer großen Zahl von Nebenrechnern vor. Doch hielt die US-Luftwaffe ein solches Netzwerk für leicht verwundbar und forderte eine dezentrale Variante, die der Elektroingenieur Paul Baran von der RAND Corporation 1964 vorstellte. Hier konnten alle Rechner direkt miteinander kommunizieren, ohne daß der Ausfall eines oder mehrerer Computer das System lahmgelegt hätte. Am 1. September 1969 nahm das ARPANET, Vorläufer des Internet, dem vier US-amerikanische Forschungseinrichtungen angeschlossen waren, seinen Betrieb auf. 1983 trennte das US-Militär das ARPANET, bei dem besonders strenge Sicherheitsbestimmungen galten, vom zivilen Internet ab. In den 1970er und 1980er Jahren waren auch in anderen Industrieländern dem amerikanischen Internet ähnliche Netzwerke entstanden, die aber weder untereinander noch mit dem Internet kommunizieren konnten. 1991 entwickelte Tim Berners-Lee, ein Mitarbeiter des europäischen Kernforschungszentrums CERN in Genf, das «World Wide Web» (WWW). Das «World Wide Web» konnte diese Übersetzungs- und Vermittlungsfunktion erfüllen, setzte sich rasch durch und ist heute zu einem unverzichtbaren Informations- und Kommunikationsmittel geworden.

Literatur: Katie Hafner, Matthew Lyon, *Arpa Kadabra. Die Geschichte des Internet* (1997). – Tim Berners-Lee, *Der Web-Report* (1999). – Janet Abbate, *Inventing the Internet* (1999). – Friedrich Naumann, *Vom Abakus zum Internet* (2001). – Peter Haber (Hg.), *Geschichte und Internet* (2002).

Verzeichnis der im Text vorgestellten 101 Erfindungen

Aluminium 83
Anillin 73
Antibabypille 115
Aufzug 78
Automat 45
Automobil 81

Batterie 64
Beton 68
Blitzableiter 46
Bogen 23
Brille 36
Brücke 24
Buchdruck 37

Coca-Cola 84
Computer 109
Container 106

Dampfmaschine 51
Dampfturbine 80
Dieselmotor 86
Drehbank 49
Dynamomaschine 66

Eisenbahn 54
EKG und EEG 100
Elektronenröhre 93

Fahrrad 61
Faustkeil 9
Fernrohr 40
Fernsehen 99
Flaschenzug 21
Fließband 95
Flugzeug 91

Gentechnik 113
Glas 14
Glühlampe 67
Gummi 53

Hammer 9
Herzschrittmacher 112

Internet 121

Keramik 12
Kernreaktor 107
Kino 87
Klebstoff 47
Kompaß 35
Konservendose 52
Kühlschrank 74
Kunstdünger 57
Kunststoff 63

Laser 117
Lochkarte 44

Magnetresonanztomographie (MRT) 120
Messer 10
Mikroprozessor 119
Mikroskop 39
Mikrowellengerät 116

Nähmaschine 58
Notenschrift 32

Orgel 34

Papier 30
Pfeil und Bogen 11
Pflug 15
Photographie 72
Prothese 38
Pumpe 28

Rad 16
Radar 101
Rakete 103
Reißverschluß 89
Roboter 96
Röntgengerät 88
Rundfunk 97

Schallplatte 85
Schießpulver 32
Schiff 18
Schleuse 22
Schraube 29
Schreibmaschine 69
Schrift 13
Schweißen 59
Solarzelle 114
Spinnmaschine 48
Stahl 60
Staubsauger 90
Steigbügel 31
Straßenbahn 70
Strahltriebwerk 105
Synthesizer 118

Tanker 62
Telefon 75
Telegraphie 55
Thermometer 41
Tonbandgerät 102
Transistor 110

Uhr 25

Ventilator 43
Verbrennungsmotor 76

Waage 19
Waschmaschine 94
Wasserrad 17
Windmühle 27
Wolkenkratzer 79

Zahnrad 20

Aus dem Verlagsprogramm

Historische Überblickswerke bei C.H.Beck

Walther L. Bernecker/Carlos Collado Seidel/Paul Hoser (Hrsg.)
Die spanischen Könige
18 historische Porträts vom Mittelalter bis zur Gegenwart
1997. 356 Seiten mit 18 Abbildungen. Leinen

Alexander Demandt
Kleine Weltgeschichte
2., durchgesehene Auflage. 2004.
368 Seiten mit 113 Abbildungen, davon 90 in Farbe
und 9 Karten. Gebunden

Alexander Demandt
Sternstunden der Geschichte
3. Auflage. 2001. 334 Seiten mit 11 Karten im Text. Leinen

Stig Förster/Markus Pöhlmann/Dierk Walter (Hrsg.)
Schlachten der Weltgeschichte
Von Salamis bis Sinai
2., durchgesehene Auflage. 2002. 416 Seiten mit 25 Karten. Leinen

Etienne François/Hagen Schulze (Hrsg.)
Deutsche Erinnerungsorte
Band I: 4., durchgesehene Auflage. 2002.
725 Seiten mit 77 Abbildungen. Leinen
Band II: 2001. 739 Seiten mit 77 Abbildungen. Leinen
Band III: 2001. 784 Seiten mit 86 Abbildungen. Leinen

Peter Carl Hartmann (Hrsg.)
Französische Könige und Kaiser der Neuzeit
Von Ludwig XII. bis Napoleon III. 1498–1870
1994. 500 Seiten mit 16 Abbildungen. Leinen

Verlag C.H.Beck München